아름다운 혁명가
체 게바라

아름다운 혁명가
체 게바라

초판 1쇄 발행 2013년 5월 10일
초판 2쇄 발행 2014년 3월 13일

엮은이 고담
그린이 이일선
대　표 김영재·정대진
발행인 이세경
편집장 양인모
교　정 이현선
마케팅 현석호
발행처 책마루
주　소 서울 금천구 벚꽃로 18길 36(독산동 1002) 진도1차 806호(본사)
　　　　 서울 강남구 봉은사로 129-1(논현동 751빌딩) 802-8호(편집실)
전　화 02-445-9513
팩　스 02-445-4513
이메일 book@bookmaru.org
웹 www.bookmaru.org
트위터 @bookmaru9513
디자인 캠프커뮤니케이션즈

ISBN 978-89-98553-02-9 43990

이 도서의 국립중앙도서관 출판시도서목록(CIP)은 서지정보유통지원시스템 홈페이지(http://seoji.nl.go.kr)와
국가자료공동목록시스템(http://www.nl.go.kr/kolisnet)에서 이용하실 수 있습니다.(CIP제어번호: CIP2013005088)

Che Guevara

아름다운 혁명가
체 게바라

고담 엮음

어떤 사람은 죽은 뒤 남긴 영향력이 살아 있을 때 남긴 업적보다 더 큰 경우가 있다.

체 게바라. 그는 그런 사람이었다.

쿠바의 국민도 아닌 아르헨티나 사람이었던 그는 혁명으로 쿠바를 새로 일으키고, 그 나라의 장관과 중앙은행 총재까지 지냈다.

하지만 그는 자신의 자리에서 권력을 누리지 않고 다시 민중 속으로 들어갔다.

그는 권력을 탐하지 않고 약자와 민중을 위해 모든 것을 내던진 삶을 살았다.

그런 그의 모습은 그 어떤 이데올로기보다도 숭고했으며 우리에게 깊고 오랜 여운을 남긴다.

낮은 곳을 찾아다니던 체 게바라의 삶은 권력과 부를 좇아 눈 코 뜰 새 없이 바쁜 우리에게 반성의 의미를 던져준다.

현재 자신의 인생이 어디로 갈지 몰라 갈팡질팡하며 고민 중인 젊은이 그리고 자신의 잃어버린 용기를 되찾고 싶은 모든 이들에게 이 책을 바친다.

2013년 5월
고 담

많은 이들이 저를 모험가라고 부르겠지만,

저는 다른 류의 모험가입니다.

자기 의견을 증명하기 위해 목숨을 거는 모험가,

저는 그 자유를 믿습니다.

운명의 시작

세르나는 부에노스아이레스로 가기 위해 남편과 함께 파라나 강을 건너는 배를 탔다. 만삭의 몸으로 배를 타는 것은 너무도 힘든 여정이었다. 배가 로사리오데라페 항에 다다랐을 때 세르나는 갑자기 진통을 호소했다.

"여보, 진통이… 배가 너무 아파요… 어떻게 좀….."

의사도 없는 배에서 산통을 호소하는 세르나를 본 남편은 배에서 내리자마자 가까운 곳에 사는 친척집을 향해 급하게 걸었다. 한 곳에 정착해 사는 삶과는 거리가 먼 운명을 타고났음을 암시라도 하듯 에르네스토 게바라는 그곳에서 세상의 빛을 보았다.

그의 아버지 에르네스토 게바라 린치는 아르헨티나 귀

족의 후손이었고, 어머니 세실리아 데 라 세르나 역시 군인 집안의 부르주아 출신으로 유복한 가정에서 행복한 삶을 보장받아 살고 있었다. 부부가 금지옥엽처럼 애지중지하던 에르네스토가 어느 정도 여행을 견뎌낼 수 있을 만큼 자라자, 게바라 가족은 로사리오를 떠나기로 결정했다.

"여보, 대서양 쪽으로 가 봅시다."

"당신 뜻대로 하세요."

"나에게 건축설계사 자격증이 있으니 어딜 가든 먹고사는 문제는 어려운 일이 아닐 거요."

그리하여 게바라의 아버지는 결국 카라과타이 강어귀의 항구에 정착했다. 그는 그곳에 정원이 넓은 집을 손수 설계하여 지었다.

"우리 테테, 날씨가 더운데 강으로 수영하러 갈까?"

어릴 적 테테라는 별명으로 불렸던 에르네스토의 두 번째 생일이 얼마 남지 않은 어느 날, 어머니는 아들을 데리고 가까운 강으로 수영을 하러 갔다. 하지만 남아메리카의 심한 기온 차를 견디지 못한 아이는 물에서 나오자마자 몸을 떨며 심하게 보채기 시작했다. 그날 밤 내내 테테의 기침은 좀처럼 멈추지를 않았다.

"선생님, 우리 아이가 심하게 기침을 하며 앓고 있는데,

왕진을 부탁드려야겠습니다."

진료를 끝낸 의사는 아이의 병명이 폐렴이라는 진단을 내렸다. 결국 평생 동안 에르네스토를 괴롭히는 천식은 그의 나이 두 살 무렵부터 시작되어 평생 동안 동반자가 되었다. 에르네스토의 가족은 심한 천식을 앓는 에르네스토가 견딜 만한 기후를 찾기 위해 알토파라냐로 거주지를 옮겼다가 다시 부에노스아이레스로 돌아가는 생활을 해야만 했다. 하지만 부에노스아이레스에서도 아이의 건강이 나아질 기미를 보이지 않자, 에르네스토의 가족은 다시 안데스 산맥 근처의 코르도바로 이사했다. 그러나 에르네스토가 그곳에서도 적응을 하지 못했고 그들 가족은 또다시 길을 떠나야만 했다.

에르네스토 가족은 치카스 산악 지방의 알타가르시아에 이르렀다. 그곳에서 에르네스토의 천식이 어느 정도 가라앉자 그의 부모는 매우 기뻐하며 인디오 밀집 지역 가까운 곳에 집 한 채를 구했다.

어느 날, 에르네스토는 새로 사귄 인디오 친구의 집에 놀러 갔다. 그때 에르네스토는 깜짝 놀라지 않을 수 없었다. 친구의 부모와 여러 형제자매들이 한 칸짜리 오두막집에서 살고 있는 모습을 보았던 것이다. 게다가 그가 더욱 놀랄 수밖에 없었던 것은 그들에게 돈이 없어 한겨울에도 이불이 아닌 종이 같은 것들을 덮고 잔다는 사실이었다. 슬픔과 분노가 가득한 얼굴로 집에 돌아온 에르네스토는 아버지에게 친구 집에 다녀와 느낀 점을 이야기했다.

"아버지, 친구 집에 놀러 갔었는데 좁은 집에서 일곱 식구가 살더라고요. 그리고 이렇게 추운 날씨에도 이불 살 돈이 없어서 이불도 덮지 못하고…."

"그래, 가난은 세상 어디에든 존재한단다. 중요한 것은 그런 가난에 삶을 포기하지 말고 그 상황에 대항할 줄 알아야 한다는 것이다."

이것이 부자간에 최초로 나눈 사회에 대한 강한 불만의 소리였다.

✮

어느 덧 에르네스토가 아홉 살이 되었다. 에르네스토는 굶주림에 지친 인디오 친구들을 자신의 집으로 데려와 먹여주고 재워주는 일을 반복했다. 따라서 그의 집은 인디오들에게 마음 편히 휴식을 취할 수 있는 곳으로 소문이 났다.

다행히 에르네스토 가족도 그러한 생활에 별다른 불편을 느끼지 않고 있었기에 언제나 그의 집은 가난하고 지친 이들에게 문이 활짝 열려 있었다. 그런 와중에서도 에르네스토는 여전히 천식에서 벗어나지 못했고 천식이 더욱 심해져 학교에 갈 수 없는 날이 많았다. 그럴 때마다 그는 로빈슨 크루소를 비롯해 프로이트 그리고 삼총사 같은 책들을 미친 듯이 읽었다. 독서를 하면서 고독을 즐기는 여유를 찾고 그것으로 천식의 고통을 다스리고 있었다.

천식은 끝없이 그를 괴롭혔지만, 세월을 거스를 수 없었음인지 에르네스토는 쑥쑥 자랐다. 그는 테니스와 골프를 즐겼으며 체스에 푹 빠져들기도 했다. 그리고 집안의 형제들과도 친하게 지냈다. 그 중에서도 학생 시위를 이끈 혐의로 감옥에 들어갔다 온 알베르토와 친했다. 그는 훗날 유명한 생물학자가 되어 쿠바에 정착을 했고, 에르네스토의 삶에 가장 큰 영향을 준 인물이었다.

어느 날, 알베르토를 따라 럭비시합을 구경한 에르네스토는 자신도 럭비를 하고 싶다며 알베르토를 졸라댔다.

"형, 나도 럭비를 하게 해줘."

그러자 그보다 여섯 살이 많은 알베르토는 창백한 얼굴에 두 볼이 쏙 들어가고, 키만 멀대 같이 큰 소년을 한동안 바라보았다.

"모르긴 몰라도 너는, 작은 태클에도 몸이 두 동강이 나고 말 거야."

"아냐! 자신 있어. 그러지 말고 테스트만이라도 한번 시켜보라구. 시켜보라니까."

"좋아. 그러면, 먼저 이 헬멧을 쓰고 여기 의자 위에 놓아둔 장대를 뛰어 넘어봐."

한 번, 두 번, 세 번… 열 번….

에르네스토는 알베르토가 나서서 말려야 할 정도로 강한 집념으로 장대를 뛰어넘었다. 그 후 에르네스토는 럭비를 할 수 있었고 오히려 럭비 팀 내에서 없어서는 안 될, 어느 누구보다 중요한 인물이 되었다. 하지만 천식은 여전히 그를 괴롭혔다. 에르네스토는 천식에 대항하기라도 하듯 왕성한 활동력을 보였다. 그러나 그가 호흡곤란을 느낄 때마다 친구나 가족 중 누군가가 호흡 보조기를 들고 그에게 달려올 준비를 하고 있어야 할 정도로 그의 삶에 있어 천식은 커다란 걸림돌이었다.

그가 열여덟 살이 되던 1946년, 아르헨티나에서는 정치적으로는 후안 페론이 권좌에 올랐다. 건축 분야를 전공할 생각이었던 에르네스토는 데안 푸네스 대학에 합격했다. 그러나 그 이듬해에 에르네스토는 갑자기 부에노스아이레스 의과대학에 지원하여 모든 가족들을 놀라게 했다. 자신을 끝없이 괴롭히는 천식으로 인해 그의 관심이 의학에 쏠렸던 것이다. 그는 의과대학생으로서 열심히 학문에 열 중하는 한편 럭비, 축구, 수영은 물론이고 체스와 장대높 이뛰기에도 열정을 보였다. 그 열정은 몇몇 친구들과 함께 《태클》이라는 럭비 전문잡지를 발행하기에 이르렀다.

한번은 잡지 발행을 위해 밤늦게까지 편집 일을 하고 있었는데 갑작스럽게 경찰이 들이닥친 일도 있었다. 경찰 은 그들이 공산당과 관련된 유인물이라도 만들고 있는 줄 알고 기습적으로 들이닥친 것이었다. 비록 해프닝으로 그 친 사건이었지만 이 무렵부터 그는 정부의 주목을 받는 요주의 인물이 되었다.

알베르토는 에르네스토에게 자신이 일하는 산프란시스 코데차나르 나환자 병원에서 방학동안 일해보는 것이 어 떻겠냐고 제안했다. 에르네스토는 그 제안을 받아들여 그 곳을 향해 떠났다. 에르네스토는 알베르토가 일하고 있는 나환자 병원에서 생활을 하며 또 다른 세상과 환경 속에 서 많은 것을 보고 느낄 수 있었다. 어느 날, 에르네스토는 알베르토가 예쁜 인디오 소녀의 상처에 뜨거운 물을 붓는 것을 보고는 소스라치게 놀랐다. 나병환자는 감염 부위를 자극해도 아무런 감각을 느끼지 못하는데 알베르토는 뜨

거운 물을 붓는 것으로 그녀가 나병환자라는 것을 에르네스토에게 알려주었다. 이를 지켜보던 에르네스토는 몹시 화를 내며 알베르토에게 달려들었다.

"이렇게까지 잔인하게 굴어야 겠어?"

알베르토는 단지 에르네스토가 자신의 마음을 주려했던 그 소녀가 나병환자라는 사실을 알려주고 싶었을 뿐이었다. 그러나 그 행동이 오히려 알베르토 자신은 물론 에르네스토의 마음을 더욱 아프게 하는 일이 되고 말았다.

✦

방학이 끝나고 에르네스토는 부에노스아이레스로 돌아왔다. 그 당시 아르헨티나는 후안과 에바 페론 부부가 권좌에 있었고 그들 부부가 인생의 절정기를 누리고 있었기에 부에노스아이레스는 라틴아메리카의 그 어느 도시보다 유럽적인 풍취가 흘렀고 마치 유토피아인 듯 흥청거렸다. 에르네스토는 그러한 생활에 어울려서 흥청거리지 않았다. 오히려 빈민촌을 찾아다니고 그들과 어울리며 세상 이야기에 더욱 귀를 기울이곤 했다. 뿐만 아니라 부모님께 의지하지 않기 위해 도서관 사서, 선원, 신발 판매 등 닥치는 대로 일을 해 돈을 벌었다. 또한 펜싱과 권투, 바스크

지방의 민속경기인 펠로타에까지 빠져들었다. 천식으로 인해 깊은 밤 잠 못 이룰 때는 독서를 하며 고통을 이겨내 곤 했다.

1951년, 기말시험을 가볍게 통과한 에르네스토는 알베르토와 함께 라틴아메리카인의 뿌리를 찾겠다는 거대한 계획을 세우고 여행 떠날 준비를 했다.

...2...

세상 속으로

"에르네스토, 우리 집이 있는 코르도바에서 출발하여 로사리오를 거쳐 부에노스아이레스에 잠깐 들렀다가 해안 지대로 빠지는 것이 어때?"

"좋아, 형! 마르델 플라타, 미라마르, 네코체아를 거친 다음에는 안데스 산악 지방으로 들어가기로 하고…."

"아무리 줄여도 짐이 필요할 테니까 중고 오토바이라도 하나 구입하자. 아주 멋진 여행이 될 거야. 그리고 그 오토바이는 포데로사도스라고 부르는 것이 좋겠다."

"포데로사도스… 멋진데!"

1951년 12월 29일.

그들은 이윽고 중고 오토바이인 포테로사도스 위에 텐트와 침낭, 도로지도, 사진기 등을 담은 짐 꾸러미를 실었고 도중에 사냥이라도 했을 때 그것을 익혀 먹을 수 있는 도구도 챙겨 넣었다.

"너무 많이 실은 것 아니야? 어쩐지 오토바이가 너무 불쌍해 보여!"

"에이, 그래도 이 정도는 챙겨야 한다고. 형! 나 어때?"

가죽 점퍼를 걸치고 조종사용 선글라스까지 낀 에르네스토가 한껏 폼을 재며 물었다.

"멋지다."

"형도 여행자의 품위가 물씬 풍기는걸."

이틀 후, 부에노스아이레스에 있는 에르네스토의 집에 도착한 두 사람은 한 가지 난관에 부딪혔다. 부모님은 말할 것도 없고 형제, 이모 그리고 사촌들까지 그들의 여행을 반대하고 나섰기 때문이다.

"어머니, 이 여행 꼭 가고 싶어요. 알베르토 형이 있으니까 크게 염려하실 일은 없을 거예요."

아들의 성화에 여행을 허락한 어머니가 알베르토를 보며 두 가지 조건을 말했다.

"알베르토, 계획을 세운 것이니 여행은 하되 명심할 것이 있단다. 하나는 우리 에르네스토가 의사시험을 보기 전에는 반드시 여행을 끝내고 돌아와야 한다는 것이고, 다른 하나는 에르네스토의 호흡 보조기를 언제나 잊지 말고 챙겨야 한다는 거다. 지킬 수 있겠니?"

"잘 알겠습니다."

"떠날 거라면 어서 가거라. 어서!"

조용히 앉아 있던 아버지가 아들을 강하게 끌어안았다. 그러고는 서랍을 뒤져 뭔가를 찾아 집어 들더니 회전하며 연발로 쏠 수 있는 권총인 리볼버를 아들의 손에 쥐어주었다.

"사람의 앞날은 그 누구도 알 수가 없단다. 짐 속에 잘 챙겨 넣도록 해라. 요긴하게 쓰일 데가 있을지 모르니까."

"고맙습니다, 아버지. 무사히 돌아오겠습니다."

당당하게 길을 떠난 그들은 어느덧 아르헨티나의 스위스라 불리는 나우엘우아피 호수와 바릴로체 스키장 그리고 네코체아와 바이아블랑카를 따라 게르니카 숲에 도착했다.

그런데 거침없이 2천여 킬로미터나 달린 중고 오토바이 포데로사도스가 이상한 징후를 보이기 시작했다.

"형, 포데로사도스를 손 좀 보고 가는 것이 좋을 것 같은데?"

"그래야 할 것 같다."

정비공의 수리를 받은 포데로사도스는 그로부터 닷새 후, 또 다시 거센 모래폭풍을 만나고 말았다. 그 결과 둔덕으로 빠져서 발동기 연료가 말썽을 부리더니 부품마저 망가졌고 끝내는 타이어가 터지는 최악의 사태까 벌어지고 말았다. 에르네스토에게 찾아오는 천식에 비하면 비할 바가 아니었지만….

천식이 발병하기라도 하면 에르네스토는, 갑작스럽게 온 몸을 떨면서 심한 토악질을 해대다가 탈진하는 경우가 허다했다. 그때마다 알베르토는 자신이 알고 있는 온갖 의학지식을 동원하여 그를 정성스레 간호했다. 그러던 어느 날, 천식이 발병한 에르네스토의 고통이 좀처럼 가라앉을 기미가 보이지 않자 그들은 자신들로부터 가장 가까운 지역인 콜레코엘로 갔다. 그곳에서 사흘 동안 머물며 당시에는 그다지 알려지지 않았던 페니실린 약의 덕을 톡톡히 보았다. 내륙으로 들어갈수록 산은 점점 더 험해졌으므로 사고가 빈번했다. 그러면 그럴수록 그들은 강인한 정신력으로 쉬지 않고 전진하면서 더러는 다른 사람들의 도움을 받기도 했다.

★

1952년 2월 6일.

그들은 또 다시 정비소에서 수리를 받은 포데로사도스와 함께 눈으로 덮인 산꼭대기를 올랐다.

"아, 멋지다! 얼어붙은 카루에치코 호수와 카루에그란데 호수가 장관이구나! 여기서 이럴 게 아니라 꼭대기까지 올라가 보자."

"좋아. 만년설의 광채를 온몸으로 받아보자고."

가죽 끈으로 서로의 몸을 묶은 두 사람은 아찔하도록 가파른 낭떠러지를 4시간이나 기어올랐다. 갑자기 떨어지는 돌무더기로 인해 중심을 잃은 두 사람은 커다란 바위 위로 떨어지고 말았다.

혹독한 추위에 떨고 있는 두 사람에게 누군가 뜨거운 수프를 주고 편하게 잠잘 수 있게 돌봐줬다. 그는 바로 산림을 감시하는 사람이었다.

한번은 나우엘우아피 호숫가에서 밤을 보내기 위해 두 사람이 텐트를 치고 차를 마시고 있는데, 갑자기 낯선 사내 하나가 다가오더니 살벌한 눈초리로 포데로사도스의

26

구석구석을 뜯어보았다.

"뭐 하는 거요?"

"난, 칠레 국경에서 악명 높은 산적이다! 누구든 나에게 반항하면 살아날 수 없지. 어때? 이 오토바이를 나에게 넘기면 너희들 목숨만은 살려줄 수 있는데."

에르네스토는 산적의 말을 비웃으며 아버지가 비상시에 사용하라고 주었던 회전식 권총을 꺼내들고 호수에서 한적하게 헤엄치고 있던 오리 한 마리를 태연하게 명중시켰다. 그러고는 아무 일도 없었다는 듯이 마시던 찻잔을 천천히 다시 집어 들고 입가로 가져갔다. 그 산적은 얼굴이 하얗게 질려서 뒤도 돌아보지 않고 걸음아 날 살려라 하며 줄행랑을 쳤다.

2월 14일, 두 사람은 다시 아르헨티나와 칠레의 국경지대인 푸에르토프리아스를 건너 에스메랄다 호수 어귀에 있는 마을에 이르렀다. 그 지역은 유람선을 소유한 어느 기업에 의해 개발이 이뤄지고 있었다. 그 지역의 어느 것 하나 그 기업 소유가 아닌 것이 없었기에 그곳을 지나는 관광객은 누구를 막론하고 그들의 금고에 한 푼의 돈이라도 보태줄 수밖에 없는 실정이었다. 지붕도 없는 헛간의 누더기 침대에서 잠을 잔 에르네스토와 알베르토는 물론

한 푼도 보태지 않았다.

오소르노 시에 도착한 그들은 트럭을 끌고 가는 어느 농부의 도움을 받아야만 했다. 부속의 일부가 떨어져 나갔는지 포데로사도스가 꿈쩍도 하지 않았기 때문이었다.

"아니, 수확물은 그 땅에서 일을 하는 사람들에게 돌아가야 하는 거 아니야? 왜 어디에 사는지도 모르는 지주들이 땅 임자라는 이유로 손가락 하나 움직이지 않고 수확물을 모두 다 거둬 가느냐 말이야!"

에르네스토가 운전하는 농부를 곁눈질하며 열심히 토지개혁에 대한 열변을 토해내자 농부는 야릇한 표정을 지으며 조용히 입을 열었다.

"땅이 내 소유가 될 거라는 기대는 하지도 않아요. 그저 내가 일한 만큼의 품삯이라도 제대로 받았으면 좋겠어요."

★

여행을 시작한 지 두 달이 지났을 때, 그들은 마침내 칠레의 수도인 산티아고에 도착했다. 두 사람은 그곳에서 만신창이가 된 포데로사도스와 영원한 이별을 고한 뒤, 버스에 몸을 싣고 간신히 발파라이소에 이르렀다. 하지만 6개월에 한 번씩 출항하는 배가 그들이 오기 얼마 전에 떠났

기 때문에 지오콘다라는 지방에서 만났던 천식을 앓고 있
던 한 노파의 집에 머물렀다.

그때 에르네스토는 가슴 깊이 무엇인가 꿈틀거리는 것
을 삼켜야만 했다. 노파는 앞을 거의 볼 수 없었고 지저분
한 움막에서 몸도 제대로 가누지 못하고 있었다. 게다가
노파의 가족들은 마치 거추장스러운 물건을 대하듯 노파
의 존재를 적의에 찬 시선으로 바라보았다.

내일이란 희망을 이야기하는 것조차 버거운 극한 상황
에서 그들 가족들에게는 현실에 대한 체념만이 남아 있고
눈동자엔 세상에 대한 분노만 남아 있을 뿐이었다.

언제까지 이처럼 불합리한 일들이 지속될 것인가! 통치
의 성과를 선전하는 데 급급한 정부는 공공의 이익과 복
지엔 도대체가 관심이 없으니….

배 삯조차 없었던 그들은 경찰의 눈을 피해 북쪽으로
향하는 산안토니오 호에 몰래 올라탔다. 배에는 화장실로
숨어든 두 사람은 항해가 계속되는 동안 사람들이 노크를
할 때마다 끊임없이, 사람 있어요라는 말을 반복해야만 했
다. 그나마 다행이었던 것은 배에 화장실이 두 개나 있었
다. 그들은 화장실의 고약한 냄새를 더 이상 참지 못하고

밖으로 뛰쳐나왔다.

"자네들은 누구인가?"

"네, 저 여행을 하고 있는데….

"배를 탔으면 배 삯을 내야지. 오늘부터 자네는 화장실을 청소하고 그리고 자네는 주방에서 양파 껍질을 벗기도록 하게."

선장은 아량이 있는 사내였다. 선장은 에르네스토에게는 화장실 청소를, 알베르토에게는 주방 일을 시키는 것으로 무임승차의 대가를 치르게 했다. 두 사람은 일을 하면서 틈틈이 바다가 보여주는 향연을 즐겼다.

이윽고 배가 안토파가스타에 정박하자 그들은 볼리비아의 살라르찰비리 근처에 있는 추키카마타 광산을 방문하기 위해 배에서 내렸다.

광산으로 가는 도중에 트럭을 얻어 탄 그들은, 풀은 말할 것도 없고 선인장도 자라지 않는 메마른 언덕을 지나 구불거리는 길을 정처 없이 달렸다.

다음날 그들은 칼라마 고원에 도착했다. 고원의 꼭대기에 이른 그들은 그 아래로 펼쳐진 처참하도록 놀라운 광경 때문에 입을 다물지 못했다. 마치 이집트 파라오 시대의 피라미드 건축 공사를 떠올리게 할 정도로 사람들의 손에 의해 방대한 규모의 땅이 파헤쳐지고 있었기 때문이다. 수십 미터 높이의 가파른 경사면에서 수많은 사람들이 수십 킬로미터에 걸쳐 달라붙어 화전으로 일궈낸 땅의 붉은 흙을 파헤치고 있었다.

그 엄청난 추키카마타 광산은 새로운 정복자들에 의해 생지옥이 되고 있었다.

절망과 분노

광산에 들어가려면 입구에 있는 초소를 거쳐야만 했다. 까다로운 광산의 감독위원회에서는 의사라는 그들의 신분을 의식했던지 친절한 안내인까지 붙여주며 광산의 구석구석을 보여주었다. 돈 냄새가 물씬 풍기는 그곳에서 생각지도 않던 환대를 받은 그들은 경찰들의 저녁 초대까지 받아 오랜만에 맛좋은 음식을 먹을 수 있었다.

추키카마타 광산은 수십 미터 넓이의 채굴장들이 수십 킬로미터에 달하는 곳이었다. 산을 깎아내기 위해 다이너마이트를 터뜨리는 소리가 곳곳에서 끊임없이 들렸다. 그렇게 산을 형성하던 조각들이 폭발로 떨어져 나오면 조각들은 제일 먼저 제1분쇄기로 운반되었다. 그리고 두 번째,

세 번째 분쇄기를 거치면서 다시 작은 알갱이로 정제되고 가루 상태가 되면 탱크에 담겨 황산처리가 되었다. 다시 이 황산용액은 전해질용 용기로 옮겨져서 구리를 분리해 낸 후 산을 재생시키게 되는데, 이렇게 분리된 구리는 섭씨 2천 도가 넘는 용광로로 옮겨져 주형틀로 쏟은 다음 동물의 뼛가루와 섞여 냉각 시스템으로 옮겨지는 공정을 거치고 단단한 구리가 되었다.

"많은 사람들이 참혹할 정도로 혹사당하고 있군."
"그래, 허리 한 번 제대로 펴지 못하고 저 뜨거운 데서 하루 종일 일만 하고 있어."
엄청난 기계와 과학적인 시스템 앞에서 에르네스토가 정작 관심을 가진 것은 기계가 아니라 바로 그곳에서 일을 하는 노동자들이었다. 그리고 그곳에서 일을 하는 노동자들과 나눈 대화를 통해 놀라운 사실을 알아낼 수 있었다. 노동자들은 하나 같이 자신들이 일을 하고 있는 구역 이외의 다른 구역에 대해서 아는 것이 전혀 없다는 사실이 바로 그것이었다.
"형, 아마도 노동력을 쉽게 착취하기 위해 노동자들이 결속하는 것을 철저하게 막고 있는 것 같아."

33

"그것이야말로 노동자들의 정치적, 문화적 의식을 최대한 낮은 상태로 묶어두려는 기업들의 악랄한 정책이지. 노동자들이 자기들끼리 뭉치지 않아야 기업에 유리할 테니."

안내인이 두 사람의 대화에 끼어들었다.

"노동자들이 단 하루만 파업을 해도 기업은 경제적 가치를 잃게 되어 엄청난 손해를 입죠. 더러는 용감한 몇몇 노조지도자들이 보수를 좀 더 올려달라고 요구하기도 하지만⋯."

"그들이 얼마를 더 원하는데요?"

"백 페소(1달러) 정도죠."

"아니, 단돈 1달러란 말입니까!"

노동자들은 단돈 1달러의 소박한 희망을 요구했다. 그리고 그런 소박한 희망마저 보장받지 못하고 무시당한 채 사는 것이 바로 노동자들의 현실이었다.

다음날 그들은 광산의 또 다른 공장을 둘러보았다. 거대한 용광로들이 건설되고 있었다. 그것을 본 에르네스토는 굴뚝 하나의 높이가 족히 1백 미터가 된다는 것을 잘 알면서도 특유의 모험정신으로 그곳에 올라가 보겠다고 떼를 썼다. 결국 두 사람은 60미터까지 엘리베이터로 올라간 다음, 나머지는 사다리를 타고 기어올라서 기어코 꼭대기에 이르렀다. 그곳에서 에르네스토는 이렇게 소리쳤다.

"여기는 미국의 주머니를 불리기 위해 죽도록 일만 하는 아로카니(칠레의 동부 지역) 노동자들의 땅이다. 이들이 힘들게 일해서 달러를 벌어놓으면 그것을 가져가는 놈은 따로 있지. 저길 봐! 저 아래 미국인들이 사는 마을에는 근사한 집에 학교도 있고 골프장도 있어."

에르네스토는 안타까운 자신의 심정을 그대로 드러내며 안데스 사람들이 모여 살고 있는 바라크 마을을 내려다보았다.

"그저 지친 몸뚱이 하나 누울 수 있을 정도로만 집을 지어 놓았군. 미국인들은 최소의 경비로 그들이 겨우 죽지 않을 정도의 주거만 가능하게 해놓았다고. 그야말로 지옥이나 다름없지. 하수구조차 제대로 갖춰지지 않은 곳에서 마치 짐승처럼 살고 있잖아."

"그래…."

"이 광산의 하루 생산량이 9만 톤이라지? 그렇다면 하루에만 수백만 달러의 이익이 남는 셈인데…. 이러다가는 인간에 의한 착취가 끝없이 이어지겠군. 그렇게 막대한 이익이 남는데 미국인들이 쉽게 물러날 리가 없겠지?"

"형, 난 사실 정의로운 의사가 되고 싶었어. 하지만… 하지만 말이야. 그게 왠지 이기적이라는 생각이 들어. 이젠 다른 사람들을 위해… 가난하고 불쌍한 사람들을 위해 살아야만 할 것 같아. 아니, 꼭 그래야만 해."

에르네스토는 광산에서의 현실을 피부로 느끼며 자신이 앞으로 가야 할, 멀고도 힘든 여정에 오를 것을 가슴 깊이 새겼다.

굴뚝을 내려온 그들은 십자가로 뒤덮이다시피 한 공동묘지를 지나갔다.

"아니, 얼마나 많은 사람들이 묻혀 있는 거죠?"

"확실치는 않지만… 만 명은 넘을 겁니다."

"확실치가 않다고요?"

"묘지를 자세히 세어보는 사람은 없으니까요."

"그러면 여기서 노동자를 잃은 가족들은 어떤 보상을 받았나요?"

"보상이라뇨!"

안내인은 에르네스토의 질문에 이상하다는 표정으로 어깨를 으쓱해 보였다. 에르네스토를 향해 고개를 돌린 알베르토는 그의 눈에서 번뜩이는 불꽃을 보았다. 그것은 가난하고 불쌍한 노동자들을 향한 따스한 불길이자 그들의 피와 땀을 착취하는 이들에 대한 증오를 보여주는 불길이었다.

　3월 16일, 추키카마타 광산을 떠나 토코피야로 간 그들
은 다시 요란한 버스를 타고 티티카카 호수를 향해 떠났
다. 해발 5천 미터를 나타내는 이정표를 지나자마자 십자
가가 꽂힌 돌무덤들이 눈에 들어왔다.

　"저 돌무덤은 뭐죠?"

　궁금해진 에르네스토가 승객 중의 한 명에게 물었다.

　"인디오들에게는 하나의 전설이 있죠. 가슴에 고통과 아
픔을 간직한 어느 가난한 인디오 사내가 이곳을 지나다가
우연히 돌멩이 하나를 올려놓은 일이 있었는데, 그 결과
대지의 신神 파차마마에게 자신의 고통과 아픔을 온전히
맡기고 발걸음 가볍게 길을 갈 수 있었다고 합니다."

　"그런데 웬 십자가죠?"

　에르네스토는 돌무덤 위에 꽂힌 십자가를 가리키며 또
다시 물었다.

　"글쎄요. 인디오들을 현혹시키려는 속셈으로 어떤 가톨
릭 사제가 꽂아놓은 것이라고 하더군요. 인디오들이 믿는
아파체타와 십자가를 종교적으로 혼합시킨 것이라고 할
수 있죠. 일단 아파체타를 인정하는 척하면서 십자가를 꽂

아두고 신자들에게 아파체타도 가톨릭에 복종했다고 믿게 할 심산이었던 것 같습니다. 하지만 인디오들은 자신들의 신앙을 절대로 버리지 않고 있습니다."

참으로 비열한 수법이 아닐 수 없었다. 더군다나 다른 사람도 아닌 가톨릭 사제가…. 그들은 잉카인들의 자긍심을 무너뜨리기 위해 술과 콜라를 앞세워 세상을 휘젓는 것은 물론 자신들에게 아예 복종하도록 만드는 데 겨우 5세기 정도밖에 걸리지 않았다.

그들이 다시 버스를 타려고 했을 때는 지치고 힘든 노동자들이 바닥에 앉아 잠을 자고 있었다. 어쨌든 두 사람은 버스를 타야 했기에 노동자들을 비집고 들어갔다. 그러다 간혹 자고 있는 사람들을 밟기도 했다. 그래도 그들은 잠시 움찔해 보이고는 크게 움직이거나 소리지르지 않았다. 노동자들은 마치 모든 것을 체념한 사람들처럼 그 어느 것에도 대항하려 하지 않았다. 그들은 이미 문명의 이름으로 차별받고 짓밟히는 것에 익숙해져 있었다. 에르네스트는 멀리서 찾아와 불쌍하고 가엾은 그들을 복종하게 만든 백인들처럼 자신이 그런 흰 피부를 갖고 있다는 사실에 새삼 부끄러움을 느껴야만 했다.

안데스 북쪽 지방으로 올라갈수록 그들 두 사람은 더욱 정복자 백인 취급을 받았다. 갑자기 폭우가 쏟아져 플랫폼이 물에 잠긴 어느 날의 일이었다. 지붕도 없는 플랫폼에서 비를 맞고 서 있는 그들에게 역무원이 다가와 말했다.

"역무원실로 가서 비를 피하시죠."

역무원의 말에 두 사람은 자신들처럼 서 있는 다른 사람들을 가리키며 물었다.

"저 사람들은 그대로 비를 맞고 서 있는데 왜 우리만 역무원실로 가서 비를 피해야 하는 거죠?"

"네?"

에르네스토와 알베르토의 뜻밖의 반문에 어안이 벙벙해진 역무원은 의아하다는 표정으로 고개를 갸웃거리며 역무실로 돌아갔다.

두 사람은 다시 여행길에 올랐고 케차와 아이마라족 영토 한 가운데에 있는 쿠스코 땅에 도달해, 한 대학생에게 가이드를 부탁했다. 그곳에서 다양한 조각상을 구경한 두 사람은 일일이 그림을 그려 넣은 벽돌로 쌓은 웅장한 성당 안으로 들어섰다. 두 사람은 눈이 부시도록 화려한 제대 앞에서 소스라치게 놀라지 않을 수 없었다.

"성당의 감실 하나를 무려 30킬로그램에 가까운 순금과 2천 개가 넘는 보석으로 장식을 하다니…!"

"사치스러움의 극치로군!"

너무 놀라서 기가 막혀 하는 두 사람의 대화를 듣고 있던 안내원 또한 기가 막혔는지 두 사람의 말에 맞장구를 쳤다.

"나 참, 기가 막혀서, 금이 이처럼 사치스러운 장식품에 쓰이고 있다니! 우리는 공부할 책조차 턱없이 부족하건만…."

기가 막혀 어떤 말도 더 나누지 못한 그들은 다시 걸음을 옮겼다. 얼마 지나지 않아, 그들은 저만치에서 한숨을 지으며 서 있는 농부를 만났다. 농부는 자신이 한숨짓고 있던 이유를 우연한 기회에 낯선 여행자들에게 털어놓았다. 농부는 사람들의 손이 전혀 닿지 못한 깊은 산속에 집을 짓고 열심히 화전을 일구며 오랜 세월을 준비한 끝에 비옥한 땅으로 만들 수 있었다. 그러던 어느 해 수확을 준비하고 있는 농부 앞에 땅의 주인이라 주장하는 자가 경찰과 함께 나타나 농부의 모든 것을 빼앗아 버렸다. 농부는 울며 겨자 먹기식으로 가족들을 이끌고 지금 살고 있던 곳보다 더 높은 곳으로 옮겨 다시 집을 짓고 밭농사를 지었다.

그러는 사이 4년여의 시간이 지났고 이번에도 또 그 땅 주인이란 사람에 의해 농부는 모든 것을 빼앗기고 말았다.

"저런 나쁜 놈들이 있나!"

에르네스토와 알베르토는 농부의 이야기를 듣고 너무 어이가 없어 분노를 터트렸다. 한 사람 또는 한 마디의 말이 타인의 삶을 일순간에 지옥으로 떨어뜨릴 수도 있고 반대로 도저히 닿을 수 없을 것 같은 정상에 올려놓을 수도 있다는 사실에 치를 떨 만큼 분노를 자아낸 것이다.

에르네스토와 알베르토는 드디어 꼬불꼬불한 산길을 오르는 열차를 타고 마추픽추에 올라섰다. 그때가 4월 초순경이었다. 그 지역은 우아이야나픽추와 장엄한 위용을 자랑하는 마추픽추로 이루어져 있는데, 전망대에 오른 두 사람은 그 장엄한 모습에 넋을 빼앗기고 말았다. 그날 밤, 베네수엘라를 해방시켰던 시몬 볼리바르의 서간집을 읽으며 밤을 지새운 에르네스토는 이 날이야말로 자신의 생애에 있어 절대로 잊지 못할 밤이라는 생각이 들었다.

이튿날 해가 뜨자마자 우아이야나픽추에 오른 두 사람은 바위 위에 걸터앉아 차를 마시면서 마음속에 접어두었던 울분을 토해내듯 꺼내 놓았다.

"정당을 하나 만들어서 지지 세력을 구축한 다음에 혁명을 하는 게 어떨까? 진정한 의미에서는 라틴아메리카 인디오의 혁명을 실현하는 거지."

먼저 말을 꺼낸 것은 알베르토였다. 듣고 있던 에르네스토는 안쓰럽다는 표정을 지으며 말했다.

"무기를 사용하지 않고는 불가능한 일이야. 그것을 모르고 하는 소리는 아니겠지?"

그 말을 들은 알베르토는 10여 년 전에 있었던 일을 생각했다. 1943년 말, 두 사람이 코르도바에 있을 때의 일이다. 에르네스토는 알베르토에게 그를 비롯하여 옥에 갇혀 있는 다른 학생들의 석방과 민주화를 요구하는 항의 데모에 참여해 달라는 부탁을 받았다. 소식을 접한 에르네스토는 알베르토가 구금되어 있던 곳으로 면회를 갔다. 알베르토는 반가운 마음에 에르네스토에게 자신들이 놓여 있는 상황에 대해 상세히 설명했다. 차분히 듣고 있던 에르네스토가 갑자기 이렇게 말했다.

"형, 그러니까 나더러 지금, 폭력을 휘두르는 경찰에게 얻어맞으러 거리로 나가란 말을 하는 거야? 난 싫어. 그럴 수 없어. 무기가 있다면 모를까, 빈손으로는 맞을 게 뻔한데 그럴 수 없다고."

알베르토는 지난 날 에르네스토가 했던 말이 지금과 너무도 똑같다는 생각에 알 수 없는 미소를 흘려보냈다.

그들이 이체 1세의 도시에 도착한 것은 5월의 첫날이 되어서였다. 너덜너덜한 옷에 오랫동안 깎지 못한 수염, 제대로 씻지 못한 몰골의 두 사람은 누가 봐도 영락없는 거지였다. 그들은 도움을 얻기 위해 페스체 박사의 집을 찾아갔고 그곳에서 겨우 사람의 모습을 찾을 수가 있었다.

페스체 박사는 많은 어려움을 겪은 사람이었다. 오드리아 장군이 정권을 잡을 무렵, 그는 리마 의과대학의 학장이었지만 정치적인 탄압에 의해 멀리 우암보로 쫓겨났다. 그는 그곳에서 체온계를 비롯해서 저울, 혈압계와 같은 기초적인 기구만으로 연구에 몰두했고 결국 발진티푸스를 발견하는 성과를 냈다. 또한 페스체 박사는 그곳에 나환자를 위한 병원을 세우기도 했다. 그의 연구결과가 국제적인 학술잡지에 실리면서 그의 명성은 전 세계로 퍼져나갔다. 그러자 군부에서는 어쩔 수 없이 그에게 예전의 직책을 돌려줄 수밖에 없었다.

"이것은 내가 저술한 침묵의 나라야. 읽어들 보게나."

박사는 은근히 자긍심에 차서 자신이 집필한 책을 내밀

었다. 책을 받아들고 읽은 두 사람은 자못 실망스럽다는 듯한 표정을 지었다. 박사의 이야기들은 하나같이 무용담처럼 과장돼 있었기에 전혀 가슴에 와 닿지가 않았다.

"이 책에 관해서는 더 이상 얘기하지 않기로 하자."

"그래…. 이러쿵저러쿵 얘기할 가치조차도 없는 책이군."

그들이 그곳에 머물던 마지막 날, 저녁을 함께 하던 박사가 그들에게 자신의 책을 읽은 소감이 어떠냐고 물었다. 에르네스토의 직설적인 성격을 누구보다 잘 알고 있던 알베르토가 먼저 나서서 말했다.

"좋더군요. 특히 이 지역의 아름다움을 묘사한 부분은 놀라웠습니다. 인디오들의 생활상도 그렇고 농부들의 노동에 관한 표현도 매우 적절하다고 느꼈습니다."

박사는 다시 에르네스토를 쳐다보며 물었다.

"자네의 생각은 어떠한가?"

그럴 듯한 명분이 있더라도 거짓말하는 것을 죽기보다 싫어했던 에르네스토는 잠깐이나마 시간을 벌기 위해 음식을 입 속으로 가져갔다. 이를 보던 알베르토가 얼른 중간에 끼어들어 그 상황을 넘기고자 했다.

"무엇보다 제 마음을 끌었던 것은 박사님께서 우루밤바

의 발전상을 현실감 있게 묘사한 부분이었습니다. 무척 감동적이더군요."

그러나 여기서 끝이 아니었다. 알베르토와 에르네스토가 작별 인사를 하려고 밖으로 나왔을 때, 박사는 또 다시 자신의 책에 관한 이야기를 꺼냈다.

"게바라 군, 자네 설마 내 책을 읽고 단 한 마디도 하지 않고 떠나려는 것은 아닐 테지?"

할 수 없이 에르네스토는 그 책의 여러 단점이라 생각된 것들 중에서 한 가지를 말하게 되었다. 박사는 수긍을 하는 듯 고개를 끄덕였지만, 마치 소태를 씹은 듯한 표정을 지었다.

'후, 녀석… 적당히 해두지.'

알베르토가 이렇게 생각하고 있는 동안 에르네스토는 박사를 향해 또 다시 최후의 펀치를 날리고 말았다.

"사실, 박사님처럼 진보적인 분이 어찌하여 인디오나 메스티소에 대해 대안이 없고 비생산적인 책을 쓰셨는지 이해가 잘 안 됩니다."

박사는 절대적으로 동감한다는 표정으로 이렇게 중얼거렸다.

"그래, 자네의 지적은 정확했네."

약간은 불편한 작별을 나눈 두 사람은 박사의 집을 벗어난 뒤 한동안 말없이 걸었다. 답답함을 참지 못해 먼저 입을 연 것은 알베르토였다.

"넌 왜 그렇게 뻔뻔하냐! 박사가 우리에게 어떻게 해주었는데… 그것도 모르고… 꼭 그렇게 말할 필요가진 없었잖아."

"알아. 그럴 것 같아서 책에 대한 질문을 피해가려고 했는데 어쩔 수 없었어."

"그래도 그렇지…."

"형, 나도 누군가를 나의 잣대로 판단하는 것을 원하지 않는다고. 남에게 상처 주고 싶지 않단 말이야. 하지만 거짓말을 하는 것은 더욱 더 참을 수가 없어."

★

두 사람은 리마를 거쳐 페루에서 가장 큰 규모를 가진 세로데파스코 광산 지대를 거쳐 아마존 지역으로 향했다.

상파울로에 도착한 그들은 그곳에서 그리 멀지 않은 나병환자 마을을 방문했다. 그곳은 병세의 정도와는 상관없이 수백여 명의 나병환자들이 있었다. 우선 두 사람은 전혀 희망이 없어 보이는 중증 나병환자들이 있는 곳을 찾왔다.

처음에는 나병환자들이 모여 사는 마을이 아니라 아마존의 다른 마을과 다를 것이 없다고 생각했지만, 안으로 들어갈수록 차마 눈뜨고 볼 수 없는 모습을 한 사람들이 눈에 띄었다. 손가락과 발가락은 말할 것도 없고 심지어 코와 입의 흔적이 보일 듯 말 듯 남아 있는 사람들이 대부분이었다.

나병에 걸린 인디오들은 가족과 헤어져 사는 것을 거부하고 자기들만의 공동체를 형성해 살아가고 있었다. 하지만 그들 중에서도 전혀 희망이 없는 환자라고 판정된 사람들은 따로 격리돼 있었는데, 에르네스토와 알베르토는 바로 그곳을 찾아갔다.

나병이 쉽게 전염되지 않는다는 사실을 알고 있던 에르네스토는 환자들 속에 뛰어들어 열심히 그들을 치료했다.

어느 날 에르네스토는 알베르토와 함께 팔꿈치에 종양이 생겨 팔을 제대로 움직이지 못하는 환자를 수술하게 되었다. 수술을 받고 난 환자가 팔을 마음대로 움직이게 되자 에르네스토의 명성은 마을 구석구석으로 퍼졌다.

진실이 묻어나는 에르네스토의 눈빛은 인디오들에게 친근감을 느끼게 했고, 따뜻한 그의 말 한 마디 또한 환자

아름다운 혁명가 체 게바라

들에게 커다란 위안이 되었다.

나병환자 마을에서 그들을 필요로 한다는 것은 자명한 사실이었지만, 에르네스토와 알베르토가 언제까지나 그곳에 머물 수가 없었다. 나병환자들은 서운함을 감추지 못했지만 그들이 떠나야 한다는 사실을 인정해야만 했다. 그들은 에르네스토와 알베르토를 위해 뗏목을 만들었고 그들이 떠나는 날 나름대로의 성대한 만찬을 열었다.

만찬을 마친 두 사람은 뗏목을 타고 또 다시 먼 여정에 올랐다. 에르네스토는 나병환자 마을을 떠나며 그곳에서 자신의 노동을 통해 아주 값진 마음의 선물을 얻을 수 있었다고 생각했다. '사람에게 있어서 사람과 사람 사이의 유대감은 고독하고 절망적인 사람들 사이에서 크게 성장하게 된다'는 것을….

뗏목에 오른 지 나흘 째 되는 날, 두 사람은 뗏목에서 내려야만 했다. 브라질의 타비팅가로 들어가기 위해서는 뗏목으로는 불가능했다. 곳곳에 용솟음치는 물살들에 맞설 수가 없었다. 카누로 옮겨 탔던 두 사람은 보고타로 들어서기 위해 콜롬비아군의 수상비행기를 탔다. 가슴을 졸이며 지나치게 요동을 치는 수상비행기에서 내려 보고타에

발을 내딛던 두 사람은 믿을 수 없을 정도의 매연과 공해로 끔찍하게 오염된 회색도시를 보고 착잡함을 느껴야만 했다. 그나마 다행인 것은 친절한 아르헨티나 대사 덕분에 며칠간의 여행을 마치고 베네수엘라행 합승버스를 탈 수 있었다는 점이었다.

7월 18일, 두 사람은 모든 역경을 딛고 드디어 수도 카라카스에 들어섰다. 허기진 배를 채운 두 사람은 대사관을 찾았다. 그러나 대사관에 발을 들여놓는 순간, 그들은 마치 몹쓸 병에 걸린 동물이라도 된 듯한 취급을 받고 말았다. 힘들고 지친 오랜 여행의 끝이라 제대로 씻을 수가 없었던 두 사람에게 몹시 고약한 냄새가 났던 까닭이었다.

"아, 지독한 냄새!"

사람들은 무슨 몹쓸 전염병에 걸린 사람이라도 본 것처럼 아무도 그들 곁에 다가오려 하지 않았고 비키라며 여기저기에서 소리를 질러댔다.

7개월이란 기간 동안 라틴아메리카 전역을 여행하면서 에르네스토는 갖은 고생을 하며 라틴아메리카 민중의 비참한 삶을 피부로 느꼈다. 그 여행으로 민중들이 처한 현실과 근본적인 문제를 깨달았다.

여행을 마친 두 사람은 각자의 자리로 돌아가기로 했다.

절망과 분노

알베르토는 카라카스의 연구소에 남아서 계속 연구를 하기로 했고, 에르네스토는 대학이 있는 부에노스아이레스로 돌아가 마저 학업을 마치기로 했다. 그들은 대사관에서 유일하게 친절히 대해 주었던 마르가리타 아주머니가 베풀어주는 만찬회에 참석했다. 이 날은 바로 두 사람이 각자의 자리로 돌아가기 위한 전날 밤이었다. 두 사람은 그곳에서 UPI통신사에서 근무한다는 아르헨티나 출신의 기자를 만났는데 그는 그 자리에서 라틴아메리카의 후진성을 신랄하게 비판했다. 에르네스토는 초대해준 아주머니의 체면을 생각하여 UPI통신사 기자가 지껄이는 말들을 한동안 참고 있었다. 그러나 더 이상 참지 못한 에르네스토는 발끈하여 기자를 향해 쏘아붙였다.

"아르헨티나 사람들이 1806년에 영국을 몰아낸 것은 결정적인 실수라고 했습니까? 라틴아메리카 대륙이 영어만 썼더라도 미국처럼 발전했을 거라고요? 저 같으면 백만장자 미국인으로 사는 것보다는 차라리 알파벳을 모르는 인디오로 사는 게 훨씬 현명하다고 생각합니다."

그러자 곁에 있던 알베르토도 한 마디 거들었다.

"그래서 인도가 그렇게 살고 있습니까? 90%가 넘는 사람이 알파벳을 모르고 기근과 영양실조에 시달리고 있습니까? 거의 2백 년이나 영국의 지배를 받은 결과가 그렇다면 지금 말씀하신 것들은 모두 모순이 아닙니까?"

✹

다음날 에르네스토와 알베르토는 아쉬운 작별을 해야만 했다.

"의사시험에 합격하면 나를 찾아와. 다음번에는 멕시코까지 여행을 해보자고."

목이 멘 소리로 알베르토가 말했다.

"음…. 알았어."

에르네스토는 눈물이 흐르는 자신의 얼굴을 보여주고 싶지 않아 애써 뒤를 돌아보지 않고 서둘러 비행기에 올랐다.

온갖 우여곡절 끝에 드디어 팔레르모구에 있는 그리운 집으로 돌아온 에르네스토는 가족들과 반가운 인사를 했다. 식탁에 둘러앉아 자신의 여행담을 털어놓는 에르네스토를 바라보는 가족들은 그가 이미 더 이상 예전에 자신들이 알고 있던 에르네스토가 아니라는 사실을 받아들이고 있었다.

'가능한 한 빠른 시간 내에 의학박사 학위를 따야지.'

결심을 굳힌 에르네스토는 이듬해인 1953년 5월까지는 무슨 일이 있어도 모든 과목에 합격하겠다는 어쩌면 실현 불가능한 계획을 세워놓고 공부에 몰두했다.

1953년 4월, 신경학 시험을 통과하는 것을 마지막으로 에르네스토는 자신과의 약속을 지키며 의학박사 학위를 취득했다.

모든 시험에 통과해 잠시 여유를 찾게 된 에르네스토는 카라카스 연구실의 현미경에 매달려 있을 알베르토를 그리워하며 럭비 경기장으로 발걸음을 재촉했다.

4

인간의 존엄성을 위하여

의학박사 학위를 받아 어머니와의 약속을 지킨 에르네스토는 이번에는 알베르토와의 약속을 지키기 위해 그가 일하고 있는 카라카스로 가서 여행에 오를 일을 생각하고 있었다. 그는 두 번째 여행에서 의학을 전공하고 있는 친척 동생인 카를로스 페레르를 동행시켰고 1953년 7월초, 열차를 타고 떠났다.

"다녀올게요."

"부디 몸 조심하거라…. 먹는 것 거르지 말고…."

어머니는 눈물을 속으로 삼키며 세상을 향해 끝없이 목말라하는 아들의 열정을 말리지 못하고 또 다시 세상 밖으로 떠나보내야만 했다. 이번에는 아들이 나름대로 자신을 돌볼 수 있을 만큼 성숙해 있다는 것을 알기에 첫 번째로 떠난 여행보다는 걱정이 덜 되었다. 그런데 에르네스토가 탑승한 열차가 움직이기 시작하자 뭔가 불길한 예감이 스치면서 어머니의 가슴이 마구 쿵쿵거리기 시작했다.

"정말로… 정말로 몸 조심해야 한다!"

어머니는 움직이는 열차를 따라 뛰면서 아들을 향해 힘껏 소리를 질렀다. 어머니는 에르네스토가 이번 여행을 통해 미래가 보장된 의사에서 급진적인 혁명가가 될 것이라는 것을 짐작이라도 하고 있는 듯했다.

볼리비아의 라파스에서 에르네스토 일행은 낡은 집 한 채를 빌렸고, 가끔씩 인근 카페에 나가서 차를 마시며 떠도는 세상의 온갖 소문에 귀를 기울였다. 등에 아이를 업은 인디오의 여인들, 무엇인가를 연신 씹어대는 이 빠진 노인네들, 외국인에게 물건 하나라도 더 팔려고 발버둥치는 상인들 그리고 미소라고는 눈을 씻고 찾아보려고 해도 찾아볼 수 없는 무표정한 일상에 지친 사람들이 어기적어기적 살아가는 모습을 보고 있노라면 볼리비아가 격동의 한가운데에 놓여 있다는 사실을 도저히 믿을 수가 없었다.

에르네스토의 생각과는 상관없이 이미 볼리비아는 새로운 계급들이 봉기하고 있었고 내전의 와중에 개혁 성향의 파즈 정부가 들어섰다. 그 사실에 에르네스토는 그나마 실낱같은 희망을 가졌다. 그러나 시간이 흐르면 흐를수록 파즈 정부는 점점 민중의 기대를 한참이나 벗어나기 시작했다.

어느 날 에르네스토 일행은 아르헨티나 사람의 저녁식사에 초대받았다. 한껏 포식을 한 일행이 대문을 나서는 순간 어디선가 총성이 긴박하게 울려 퍼졌다.

"혁명군이다! 신분을 밝혀라."

허름한 옷을 걸친 세 명의 혁명군 수비대는 에르네스토 일행에게 다가오며 신분을 밝힐 것을 요구했다.

"저희들은 평화를 사랑하는 사람들입니다."

비록 그들이 혁명군 수비대이긴 했지만 천성이 착한 인디오였기에 에르네스토 일행을 순순히 보내주었다. 그곳을 벗어난 에르네스토 일행이 몇 킬로미터쯤 지나자 부근 술집으로부터 떠들썩한 소리가 들렸다. 제대로 된 식사도 하지 못하고 도로를 지키고 있는 인디오들과 달리 혁명군의 지도자들이 그곳에서 먹고 마시며 맘껏 즐기고 있었던 것이었다.

인간의 존엄성을 위하여

'불쌍한 민중들을 희생시켜 그야말로 소수만 독점하는 혁명이 되고 말았군.'

에르네스토는 자신이 생각하고 느끼는 것을 똑같이 공감하고 가슴 아파하는 알베르토의 표정을 읽으며 가슴으로만 울분을 터뜨려야 했다.

"카를로스, 볼리비아 혁명 지도자들의 입장을 좀 더 확실히 알아보고 싶어. 문제가 너무 많이 도출되고 있다고. 이러다간 민중들만 더욱 더 힘들어지겠어."

"그러면 농림부 장관과 면담을 하는 것이 어떨까?"

"좋아."

에르네스토는 소위 혁명군의 지도자라는 자들의 추태를 보고 더 이상 참을 수가 없었다. 에르네스토가 농림부 장관의 집무실 입구로 들어섰을 때 수많은 인디오들이 무표정한 얼굴로 즐비하게 늘어서 있었다. 그들은 개정된 토지법에 따라 혁명 정부가 내세웠던 땅을 자신들에게 골고루 나눠주기를 고대하고 있었다. 그런데 장관실의 안내를 담당하고 있던 사내가 묵묵히 늘어서 있는 군중들을 향해 갑자기 살충제를 넣은 분무기를 마구 뿌려대기 시작했다. 복종과 순종에 익숙해진 인디오는 그런 모욕에도 소란을 피우지 않고 묵묵히 참아내고 있었다.

'이건 아니야. 이건 결코 민중이 주인인 세상이 아니야.'

인디오들에게 가해지는 무례한 폭력을 본 에르네스토는 고개를 절레절레 흔들며 혁명의 미래에 암울한 기운을 떨쳐버리지 못했다. 당연히 장관이 내뱉는 한 마디 한 마디는 위선으로만 여겨질 수밖에 없었다.

'인디오들을 진정으로 존중하지 않는 한, 그들은 그들을 지배하는 정신적 고립감에서 벗어나지 못할 것이다. 그렇다면 이 혁명은 끝내 성공을 거둘 수가 없다.'

에르네스토는 말만 내세우고 약속을 지키지 않는 자들에 대해 싸우는 길밖에는 달리 방법이 없음을 깨달았다. 혁명가로서의 자질이 그의 가슴 깊은 곳에서 서서히 꿈틀거리고 있었다. 사실 이 당시만 해도 에르네스토는 정치적인 것에는 그다지 큰 관심이 없었다. 그러나 그는 혁명의 분위기가 무르익는 라틴아메리카에서의 고질적인 문제들이 하나둘 곪아터지기 직전이 되고, 양심적인 지식인들이 시도했던 개혁이 수구 보수 세력의 저항에 좌절되는 현실을 똑똑히 지켜보았다. 자연스럽게 그의 주된 관심사는 혁명적인 이념에 돌려졌다.

"페루로 가야겠어."

에르네스토는 차표를 구입하기 위해 매표소에 줄을 섰다. 매표원은 에르네스토의 얼굴을 한동안 바라보다 백인임을 확인하고는 운전석 옆에 앉을 것인지를 물어왔다. 에르네스토는 민중과 함께하는 것이 아니라면 그 어떤 것도 자신에게는 의미가 없음을 다짐하며 매표원의 질문에 정중한 거절의 말을 던졌다.

"민중과 더불어 살아가는 것이 아니라면 내게 있어 그 어떤 것도 필요 없습니다. 내게 있어 특별한 대접은 필요치 않아요. 나는 백인이기 이전에 저들과 똑같은 사람이니까요."

페루를 찾은 에르네스토는 볼리비아 라파스의 학생운동 지도자였던 리카르도를 만났다.

"이봐. 혁명 정신이 그토록 강한 자네가 카라카스로 간다는 것은 말도 안 돼. 차라리 과테말라로 가게나."

리카르도는 첫눈에 보기에도 강한 카리스마가 느껴지는 에르네스토를 설득했고 결국 에르네스토는 한창 혁명의 열기가 달아오르는 과테말라로 떠나게 되었다. 볼리비아와 페루 그리고 에콰도르를 거쳐 니카라과로 가는 배를 타려던 에르네스토는, 지금껏 함께했던 친척 동생 카를로스와 헤어지고 갈로 가르시아라는 아르헨티나인과 동행했다.

그리고 12월 초, 에르네스토는 지난 7월에 쿠바에서 젊은 혁명가를 중심으로 산티아고에 있는 몬카다 군사시설을 습격했던 칼릭스토 가르시아와 세베리노 로셀을 만났다. 이들은 훗날 각각 혁명군의 주역들이었다. 그들은 군사시설 습격사건이 실패로 돌아간 후, 카스트로가 체포되자 산호세로 도피했다. 그들로부터 상당히 고무적인 이야기를 전해들은 에르네스토는 진정한 혁명가가 되겠다는 뜻을 더욱 굳건히 했다.

그 해가 저물어 갈 무렵, 과테말라로 들어간 에르네스토는 어느 나병환자 병원에서 일을 했다. 그곳에서 환자를 돌보며 일다 가데아 아코스타를 만났다.

일다는 페루에서 태어나 경제학을 공부했고 일찌감치 비공산계열 좌익운동단체인 청년회에 가입해 활동했을 뿐만 아니라 뛰어난 연설가로서 지도위원의 위치에 있는 열성 혁명가였다. 그들이 처음 만나게 된 것은 1953년 12월 중순경이었다.

에르네스토는 단번에 솔직 담백하고 지적인 그녀에게 이끌렸지만 일다는 에르네스토의 말쑥한 외모를 보고는 혁명 전사다운 면모를 발견하지 못했다. 하지만 라틴아메리카 좌익인사들의 중요한 조언자였던 일다의 마음을 얻는 데 에르네스토는 그리 오랜 시간이 걸리지 않았다.

"이 책 읽어볼래요? 중국의 마오쩌둥이 저술한 새로운 중국이라는 책이에요. 도움이 많이 될 거예요."

"고맙소."

며칠 뒤 에르네스토는 빌려보았던 책을 일다에게 돌려주며 이런 말을 했다.

"중국의 현실도 라틴아메리카와 크게 다르지 않다는 것을 알게 되었소. 민중들은 어디에서나 공통의 문제를 안고 있더군. 세계적으로 정치적인 평등이 이루어져야만 모든 문제들을 해결할 수 있을 거라 여겨지는데…."

에르네스토는 일다를 통해 페루에서 망명해온 사람들을 비롯해 쿠바의 많은 혁명가도 소개 받았다. 그는 점점 '체'라는 이름으로 사람들 사이에 깊은 이미지를 심어주었다. '체'는 아르헨티나 북동부와 파라과이에서 통용되는 과라니어인 '나'라는 의미의 말로, 쿠바의 몬타나 군사시설 습격을 주도하고 살아남은 자들이 에르네스토에게 지어준 이름이었다.

체 게바라가 처음부터 이들에게 깊은 관심을 보인 것은

아니었다. 그는 오히려 다른 라틴아메리카의 혁명적 지도자들을 만나고 싶었지만, 제도권 내의 혁명을 꿈꾸고 있던 그들에게 혈기왕성한 체 게바라의 존재가 보일 리 없었다. 자연스럽게 체 게바라는 쿠바 혁명가들에게 관심을 보였다. 쿠바 혁명가들 또한 체 게바라의 열정에 마음이 끌렸다.

★

"일다, 집주인이 당장 돈을 지불하지 않으면 우리 일행을 거리로 내쫓겠다고 으름장을 놓더군."

어느 날 일다를 찾아온 체 게바라가 하소연 섞인 푸념을 쏟아냈다. 듣고 있던 일다는 체 게바라의 푸념이 무슨 뜻인지 짐작할 수 있었다. 체 게바라를 비롯해 혁명을 꿈꾸는 젊은이들이 거주하는 곳의 월세가 밀렸던 것이었다.

하지만 그녀 역시 자신의 급료에서 부모님께 용돈을 보내드리고 나면 먹고사는 것을 해결하기에도 빠듯한 상황이라 체 게바라의 고민을 해결할 돈이 없었다.

"돈은 없어요. 하지만 이것을 팔면 조금은 숨통이 트일 거예요."

일다는 조그만 상자 속에서 금붙이들을 꺼내주었다.

"귀중한 물건 같은데…. 이것을 팔아도 되겠소?"

"우린 같은 길을 가고 있는 동지잖아요."

"늘 이렇게 신세만 져서 미안하오."

부모님에게조차 어떠한 도움도 받지 않던 꼿꼿한 성격의 체 게바라가 일다에게 경제적 도움을 요청했다는 것은 그가 그만큼 그녀를 신뢰하고 있었다는 뜻이었다.

체 게바라는 일다에게 신세진 것을 갚기 위해 부지런히 일을 했고 얼마 지나지 않아 빚진 것을 모두 갚을 수 있었다. 당시의 그는 끊임없는 학습과 혁명가들과의 토론을 통해 엄청난 변신을 준비하고 있었다.

1954년 2월 21일.

하코보 아르벤즈 대통령이 통치하던 과테말라가 전운이 감도는 극도의 공포감에 휩싸일 무렵 체 게바라는 천식으로 인한 고통을 떨쳐버릴 수가 없었다. 일다와 헤어진 다음날 체 게바라는 천식으로 인한 고통으로 옴짝달싹할 수가 없었다. 간신히 일다에게 연락을 취한 체 게바라는 엄청난 고통으로 힘겨워했을 것이라고 짐작할 수 있을 정도로 창백한 얼굴로 침대에 누워 있었다.

"어떻게 된 일이에요!"

너무 놀란 일다는 어찌할 바를 모르고 발을 동동 굴렀

다. 그런 일다의 모습을 보며 체 게바라는 간신히 서랍 속에 있던 약병과 주사기를 찾아줄 것을 부탁했다. 일다는 고통으로 인해 이를 악물며 부탁하는 체 게바라를 안쓰럽게 바라보다 그의 손에 약병과 주사기를 쥐어주었다. 체 게바라는 일다에게서 건네받은 주사기로 자신의 팔에 주사를 놓고는 쓰러지듯 자리에 누웠다.

"당신은 정말로 강한 사람이군요."

"이렇게 누워 있는 사람에게 그 무슨 말이오….."

"미안해요, 이렇게 고통스러워하는 당신에게 해줄 수 있는 것이 고작 이것뿐이네요."

"겨우라니! 당신이 나에게 있어 얼마나 과분한 존재인데….."

"다시 말하지만 당신은 정말 강한 사람이에요. 만약 내가 당신과 같은 처지였다면 아마도 그 고통에 빠져서 다른 일은 전혀 신경 쓰지 못했을 거예요."

며칠 동안 일다의 간호를 받은 체 게바라는 기운을 차릴 수 있었다. 그런 그에게 일다는 자신이 알고 있던 동독 사람 헤르베르트 제싱을 초대하여 소개했다.

"이 사람이 멕시코행 비자를 발급 받을 수 있는 방법을 알고 있대요. 당신은 빨리 이곳을 벗어나야만 해요."

과테말라 정부가 무너지면 아르벤즈 정부와 가까웠던 체 게바라에게 어떤 위험이 닥칠지는 불을 보듯 뻔한 일이었다. 자유주의적 좌파인 하코보 아르벤즈가 선거에서 승리하여 대통령이 되자 체 게바라를 비롯해 많은 이들이 아르벤즈 정부를 지지했다.

아르벤즈 정부는 과테말라의 비참한 현실을 개혁하기 위해 혁신적인 정책을 실시했다. 그러나 미국의 다국적 기업인 유나이티드 프루츠가 과테말라 대부분의 경작지를 소유하고 있었다. 아르벤즈는 그런 경작지를 국유화시킨 후, 그것을 다시 인디오와 빈농에게 재분배하는 개혁을 실시하고자 했다.

체 게바라를 비롯한 많은 이들이 아르벤즈 정책을 지지하는 것은 너무도 당연한 일이었다. 또한 '민중은 물질적으로 굶주렸을 뿐만 아니라, 무엇보다도 인간의 존엄성에 더욱 굶주려 있다'는 아르벤즈의 사상에 대한 경외심을 보였다. 당연히 이런 아르벤즈 정부의 경제개혁 조치는 미국의 경제적 이해와 충돌을 피할 수가 없었다.

"정식 체류 허가부터 받는 것이 중요해요."

일다의 말을 들은 제싱은 느닷없이 체 게바라가 자신들의 당에 가입하면 체류 허가를 받아주겠다는 조건을 제시

했다. 하지만 체 게바라가 남의 손에 억지로 이끌려 다니는 것을 죽기보다 싫어한다는 것을 잘 알고 있던 일다는 곤혹스러운 표정을 짓지 않을 수 없었다.

"그것은 체 게바라 스스로 결정할 문제예요. 당신이 그런 것을 강요할 필요는 없어요."

일다는 제싱에게 불쾌하다는 듯이 목소리를 높였지만 마음속으로는 차라리 그렇게 해서라도 체 게바라의 안전을 보장해주고 싶었다.

체 게바라는 결국 일다의 간절한 바람에도 불구하고 불법체류자로 남는 길을 택했다. 제싱의 제안은 지난날 여행길에서 보았던 돌무덤에 십자가를 꽂아놓은 신부와 같은 위선과 기만의 극치로 여겨졌다. 체 게바라는 자신의 심정을 일다에게 이렇게 털어놓았다.

"아르벤즈 대통령은 무장을 하고 산으로 싸우러 들어가는 민중들을 적극적으로 지지를 해야만 하오. 기간이 얼마나 오래 걸리는가 하는 것은 그리 중요한 것이 아니오."

1954년 7월 26일.

체 게바라의 바람과는 달리 아르벤즈 정부는 반란군에게 정식으로 항복했다. 과테말라에 있던 체 게바라를 비롯한 라틴아메리카인들은 극도의 공포감에 사로잡힐 수밖에 없었다. 미국은 직접적인 무력 침공보다는 CIA에 의한 비밀공작을 통해 제3세계를 지배하려는 공작을 펼치고 있었다. 그 첫 무대가 과테말라의 아르벤즈 정권이었다.

그들은 자신들의 경제적 이해를 대변해줄 우파 인물인 호세 카스티요 아르마스 대령을 중심으로 아르벤즈 정부를 뒤엎을 준비를 했다. 우선은 군부의 쿠데타에 앞서 괴빌스에게서 배웠음에 틀림이 없는 정치적 흑색선전 공작을 펼쳤다. 방송과 언론을 통해 유언비어와 악소문을 퍼트려 과테말라의 합법적인 정부인 아르벤즈 정부를 흔들기 시작했다. 예를 들어 아무 일도 일어나지 않은 지역에서 쿠데타가 일어났다던가, 특정 지역을 점령했다던가 하는 식의 소문을 퍼트려 우파 쿠데타에 저항할 수 없도록 만들었다.

미국의 이런 공작정치는 과테말라를 시작으로 이후에도 여러 곳에서 접할 수 있었다. 아시아, 아프리카, 라틴아메리카 등지에서 군부 쿠데타를 통해 집권하는 독재자들은 거의 대부분 미국의 군사학교 출신이었다. 또한 합법적인 선거에 의한 정부라 할지라도 미국의 지지를 받지 못한 경우에는 헌법을 수호해야 할 책임이 있는 군대와 경찰 또는 의회가 등을 돌리게 만들어 최악의 사태를 맞이했다. 결국 과테말라의 아르벤즈 정부는 무너지고 말았다. 아르벤즈는 미처 피신할 틈도 없었다. 체 게바라는 이때 처음으로 무기를 들고 저항을 시도했으나 그들의 저항은 처음부터 상대가 되지 못했다.

체 게바라는 양의 탈을 쓰고 있던 미국인들의 본래 모습을 치를 떨며 지켜보고 있었다. 최첨단 장비로 무장한 미국인들이 곳곳에서 아르벤즈 대통령의 목을 조였기에 대통령은 어쩔 수 없이 무릎을 꿇고야 말았다. 따라서 어떤 형태로든 아르벤즈 정부에 동조했던 체 게바라는 그곳을 떠날 수밖에 없었다. 가슴에는 결코 정복당하지 않겠다는 무장 혁명의 울분을 간직한 채로.

★

체 게바라는 폭격으로 인해 엉망이 되어 버린 과테말라에서 일다에게 청혼을 했고 일다는 그의 청혼을 흔쾌히 받아들였다. 하지만 상황이 너무 좋지 않아 친구 집으로 짐을 옮기려던 일다가 그만 잠복경찰에 의해 붙잡히는 일이 발생했다.

"일다를 구해야 해. 내가 여기 이렇게 손 놓고 가만히 앉

아름다운 혁명가 체 게바라

아 있으면 안 된다고!"

그는 잡혀 있는 일다를 구하기 위해 대사관을 뛰쳐나오려 애썼지만, 동료들은 극구 그를 말렸다.

하루에 겨우 죽 한 그릇만 배급되는 감옥에 수감되어 있던 일다는 과테말라의 새로운 대통령 카스티요 아르마스와 전화 통화를 한 후에야 겨우 풀려날 수 있었다. 감옥의 책임자는 대통령의 집무실을 박차고 들어가는 일도 서슴지 않는 페루 여성을 오랫동안 데리고 있어 보았자 좋을 것이 없다는 계산을 이미 하고 있던 참이었다.

일다는 풀려나자마자 체 게바라가 머무는 아르헨티나 대사관으로 달려갔지만 경비선을 뚫고 안으로 들어가기가 쉽지 않았다. 일다는 우선 아는 사람의 집에서 휴식을 취한 뒤, 어렵게 손을 써서 체 게바라에게 출입증을 발부해 달라는 메시지를 전달했다.

"내가 정치적 망명이라도 할까 두려운지 나를 좀처럼 대사관 안으로 들여보내 주지 않네요. 나의 출입증을 부탁드려요."

그러나 아르헨티나 대사관에서는 아무리 기다려도 연락이 오지 않았다. 그녀는 이왕 지연되고 있는 일에 대해 너무 조급해하지 않고 기다리기로 했다. 그러던 어느 날

인간의 존엄성을 위하여

일다에게 뜻밖의 소식이 날아들었다. 대통령궁으로부터 그녀를 초대한다는 소식이었다. 일다는 그 초대에 응했고 그곳에서 아르벤즈 대통령의 후계자라 자칭하는 배신자 카스티요 아르마스 대령을 만났다.

"다른 망명자들의 신분도 보장해 주십시오."

"개별적으로 검토될 것입니다. 혹시 당신에게 어려운 문제가 생긴다면 언제든 나를 찾으십시오."

일다는 반역자가 뜻밖에 화통한 성격의 소유자라는 것을 느낄 수 있었지만, 어쨌든 그는 반역자가 틀림없기에 그의 말을 믿지 않았다. 체 게바라 역시 자국민을 보호한다는 명분으로 아르헨티나 페론 정부가 보내온 비행기에 오르는 것을 단호하게 거부했다. 그 대신 그는 아르헨티나로 망명하는 과테말라인을 잘 보살펴달라는 부탁의 말을 자신의 가족에게 전했다.

체 게바라는 자신이 처음으로 과테말라에 왔을 때, 낯선 사람에게 신발을 얻어 여행을 편안하게 했던 기억을 떠올렸다. 그리고 이제는 그 고마움을 자신이 되돌려주어야 할 때라고 생각했다.

체 게바라가 평화를 누리며 안락한 생활을 할 수도 있

아름다운 혁명가 체 게바라

었던 자신의 행로를 포기하고 혁명의 일선으로 나가게 된 것은 무엇보다 그가 인간의 존엄성을 지키고자 했기 때문이었다. 그러기 위해서는 투쟁할 수밖에 없었다. 과테말라 정부의 전복이 계기가 되어 체 게바라가 뼈저리게 느끼게 된 것은 가난하고 착취받는 나라의 혁명 정부는 계속적인 착취와 수탈을 위해 미 제국주의와 결탁한 자본가 세력에 의해 계획적이고 의도적인 공격을 받는다는 사실이었다. 미국의 과테말라 침공을 통해 체 게바라는 라틴아메리카의 세계 민중들의 존엄성을 지키기 위해 투쟁할 것을 거듭 다짐했다.

체 게바라는 아르헨티나 대사관에서 나와 자신의 신분을 모르는 아티틀란 호반의 어느 마을로 피신했다. 거기서 체 게바라는 쿠바 친구들이 만들어준 서류로 멕시코행 기차에 오르며 자신을 배웅 나온 일다에게 이렇게 말했다.

"멕시코에서 다시 만납시다. 당신을 기다리고 있겠소."

"그래요. 꼭 다시 만나요."

두 사람은 그것이 서로에게 있어 마지막이 아니길 간절히 바랐다.

일다는 체 게바라를 배웅하고 무거운 발걸음을 힘겹게 친구의 집으로 옮겼다. 그러나 일다를 기다린 것은 절망적인 당국의 체포영장이었다. 당국으로부터 체포 명령을 받은 경찰들에 의해 체포된 일다에게는 멕시코로의 추방령이 내려졌다.

일다는 곧 말라카탄이라는 국경도시로 이송되었고 다시 그곳 감옥에 수감되었는데, 그곳은 어디 한 곳 발 딛고서 있을 수조차 없을 정도로 모든 사람이 썩을 대로 썩어있는 곳이었다. 게다가 수감된 사람들이 소유했던 재산들을 그곳의 간수들이 강제로 빼앗는 경우도 비일비재했다.

간수들은 저마다 그런 속셈을 음흉하게 드러내며 일다를 자신들의 편으로 끌어들이려 했다. 자신을 도와주면 국경을 넘을 수 있도록 도와주겠다는 둥, 또는 돈을 내면 도망가도록 해주겠다는 둥, 그녀에게 미끼를 던지기도 했다.

일다는 이 모든 것을 일언지하에 거절해 버렸다.

일다에게는 약간의 돈이 있긴 했다. 그러나 간수가 제안하는 액수에는 턱없이 부족했다. 하지만 일다를 다루기엔 자신들의 힘이 부족하다는 것을 깨닫게 된 간수들은 일다에게 있던 적은 돈을 챙기고는 그 자리에서 그녀를 풀어주었다. 썩어서 더는 썩을 곳이 없을 정도로 고약한 무리들의 곁을 떠난 일다는 마침내 자유의 몸이 될 수 있었다.

과테말라에서 함께했던 시절을 그리며 체 게바라는 쿠

바인들을 비롯해서 일다와 함께 다시 멕시코에 모였다. 그들은 몬카다 군사기지 사건으로 투옥된 피델 카스트로와 그의 동생 라울 카스트로가 하루 빨리 풀려날 날을 고대하고 있었다. 반 바티스타 운동의 중요한 시발점인 몬카다 군사기지 습격이 이루어진 1953년 7월 26일의 정신을 기리는 'M7-26운동'이 소리 없이 꿈틀대고 있었다.

　1955년 초.

　미국의 주요 도시에서 열리는 범미주 지역 체육대회에 사진기사로 자원한 체 게바라는 약간의 금전적인 수입을 올릴 수 있었다. 그리고 그 해 5월 즈음하여 일다와 결혼할 계획을 세웠다.

　두 사람은 친구의 도움으로 신혼여행지를 중국으로 잡았지만, 여의치 않아서 중국 여행은 훗날로 미룰 수밖에 없었다. 물론 그 두 사람은 훗날 중국을 방문했다. 그러나 둘이서 함께 간 것은 아니었다. 체 게바라는 쿠바 혁명이 성공한 다음 쿠바의 전권대사 자격으로 중국을 방문한 것이고 일다는 원폭에 관한 회의가 일본에서 개최되었기에 회의가 끝난 후 중국을 방문할 수 있었다.

　어찌되었든 이미 일다의 몸에서는 체 게바라의 생명이

자라나고 있었다. 신혼의 첫날밤을 결혼식보다 빨리 치렀기 때문이었다. 체 게바라에게 있어 일다와의 달콤한 생활은 잠시뿐이었다. 이미 그의 마음속에는 '나'라는 혼자의 개념이 아닌 '모두'라는 사상이 흠뻑 젖어 있었기 때문이었다.

그가 쿠바로 들어가겠다는 결심이 확고해질 무렵 피델 카스트로의 동생인 라울을 만날 수 있었다. 혁명가로서의 교감이 서로 통했는지 라울은 체 게바라에 대한 동료들의 평가를 받기도 전에 그를 자신의 형인 피델 카스트로에게 소개시켜주겠다는 약속을 했다.

아름다운 혁명가 체 게바라

5

또 다른 운명의 시작

뼛속 깊이 파고드는 추위가 맹위를 떨치고 있던 어느 날, 체 게바라는 마리아 안토니아라는 여인의 작은 아파트에서 멕시코로 추방당한 피델 카스트로와 처음 만났다. 체 게바라는 2미터에 가까운 큰 키와 새까만 머리카락에 덥수룩하게 수염을 기른 강인한 인상을 가진 피델을 보는 순간 그에게 흠뻑 빠져들었다. 또한 그 어느 때보다 혁명의 성공을 위해 한 사람의 동지가 매우 절실했던 피델도 체 게바라의 범상치 않은 인상을 살피고 있었다. 피델은 그런 자신의 마음을 꿰뚫고 있는 듯한 체 게바라의 솔직한 눈빛이 그 무엇보다도 마음에 들었다.

서로에게 호감을 느낀 두 사람은 긴 말을 하기도 전에 제국주의의 억압으로부터 라틴아메리카 민중들을 해방시켜야 한다는 필요성을 함께 공감하고 있었다.

"지금 쿠바의 민중들은 수십만 호에 달하는 오두막과 움막이나 다름없는 비위생적인 곳에서 살고 있소. 그리고 그들의 아이들 대부분이 구걸을 하며 연명을 하고 있소."

체 게바라는 피델 카스트로가 사회의 전반적인 문제는 물론 그 대안에 대해서도 매우 철두철미하게 분석하고 있다는 사실에 새삼스레 놀라지 않을 수 없었다. 어둠을 밀어내고 아침이 밝아오는 줄도 모르고 깊이 있는 대화를 나누던 중 피델이 속삭이듯 말했다.

"우리는 무장시킨 요트 한 대를 쿠바에 다시 상륙시키려는 계획을 세우고 있소."

피델에게 고무된 체 게바라는 즉시 M7-26에 가입을 한 후 하루 빨리 쿠바에 들어가고 싶은 자신의 마음을 재촉시켰다. 체 게바라는 직접 자신의 손에 무기를 들고 싸우기도 하고 포로가 되기도 했던 찬란한 피델의 혁명적 업적에 비해 자신이 너무 초라하다는 사실을 내심 안타깝게 여겼다.

피델과 헤어진 체 게바라는 며칠 동안을 좀처럼 잠을

이룰 수 없었다. 강인하면서도 온화함을 겸비한 위대한 피델에게 온 마음이 쏠려 있었기 때문이었다. 그 이후, 피델과 체 게바라는 자주 만남을 가졌다. 주로 바티스타 비밀경찰의 눈을 피해 밤에 만났다.

"그런데 바다를 통해 다시 상륙하려는 계획은 어떻게 된 거죠?"

체 게바라로부터 쿠바 상륙에 대한 이야기를 전해들은 일다는, 단순히 대화뿐만 아니라 그들의 계획에 참여하고 싶은 간절한 마음을 억누르지 못하고 그 계획에 대해 물어보았다.

"착착 진행되고 있소. 머지않아 실행에 옮길 것이오."

"나도 함께 가고 싶어요."

일다는 자신의 뱃속에 체 게바라와 자신의 아기가 있다는 사실을 잊기라도 한 듯이 체 게바라에게 떼를 썼다.

"여보, 그 몸으로는 힘들어요. 우리 미래를 기약합시다."

"이미 출발시기와 노선, 상륙 일정이 잡혀 있소. 좀 더 정확한 얘기는 그것이 구체적으로 드러나는 대로 알려주리다."

체 게바라와 일다의 대화를 듣고 있던 피델이 한 마디를 거들고는 그의 집을 나섰다. 두 사람은 피델이 돌아가자 어떤 의문을 갖지 않을 수 없었다.

"과연 그것이 가능할까? 엄청난 무장 군인들이 지키고 있을 텐데 단 한 척의 배로 그 섬을 공격하겠다는 것은 무모한 것이 아닐까? 아니면 그야말로 제 정신이 아니거나…."

"물론 무모한 짓이죠. 그렇다고 달리 방법이 있는 것도 아니고…."

"나도 그 생각에는 동감이오. 그리고 나도 그들과 합류할 생각이오. 우선은 준비과정에 참여한 다음 의사 자격으로 떠날 생각이오."

일다는 그의 생각이 변하지 않을 것이라는 것을 알고 있기에 아무런 말도 하지 않았다. 오히려 자신이 그들과 함께 갈 수 없음이 아쉬울 따름이었다.

"어떻소. 당신이 그 원정대에 참여해준다면 커다란 힘이 될 터인데…."

"물론 참여하고말고요. 대신 한 가지 조건이 있습니다."

체 게바라는 피델의 제안을 받자 기다렸다는 듯이 대답을 했다.

"조건?"

"쿠바 혁명이 성공한 뒤에는 무슨 일이 있어도 나의 자유를 보장해 주십시오."

"물론이오."

"그러면 기꺼이 그 혁명 전선에 뛰어들도록 하지요."

체 게바라는 이미 자신의 눈과 다리로 라틴아메리카의 구석구석을 돌아보았고, 과테말라에서는 가장 잔인한 방법으로 숨통을 조였던 제국주의의 실체를 본 후였기 때문에 압제자에 대항하는 혁명이라면 그 어떤 것이든 두려움이나 주저함이 없었다.

"두고 보시오. 우리의 투쟁은 반드시 제국주의에 대항하고자 하는 대륙 전체의 의지에 불을 댕기게 될 것이오."

실제로 몬카다 군사기지 습격사건은 멕시코에도 적지 않은 영향을 미쳤다. 반면에 정작 쿠바 내에서는 바티스타의 편을 드는 정부와 피델 카스트로를 지지하는 국민들이 여전히 팽팽하게 긴장된 대립을 하고 있었다. 그 과정에서 미국은 어느 편을 들어야 자신들에게 유리할 것인가를 열심히 저울질하고 있었다.

그 무렵 아르헨티나에서도 심상치 않은 기운이 감돌기 시작했다. 마리네가 주축이 된 군부에서 쿠데타 조짐이 감돌고 있었다. 만약 쿠데타가 성공해 집권하고 있던 페론이

몰락한다면 그 다음에 미국이 간섭할 것은 불을 보듯 뻔한 일이었다. 체 게바라는 조국의 운명을 생각하며 고민에 빠지지 않을 수 없었다. 그러나 지금 당장은 쿠바를 향해 떠나는 일에 최선을 다해야 할 상황이었다.

피델은 그들이 상륙하기로 한 곳에서 벌어질 위험한 전투에 대비하여 강인한 체력을 위한 철저한 훈련 프로그램을 준비했다. 그 방면의 전문가로부터 육탄 공격술까지 훈련받도록 철저한 준비를 시켰던 것이다.

당시 체 게바라는 체력단련 연습을 비롯해 병원에서의 근무는 물론, 스스로 하고 있는 연구에 몰두하느라 하루에 서너 시간 자는 것도 어려운 형편이었다. 당연히 일다와의 달콤한 신혼을 맛본다거나 자기 자신만을 위해 시간을 사용하는 일은 찾아볼 수가 없었다. 그의 삶은 오직 다가올 혁명을 위해서만 쓰이고 있었다.

1955년 8월 8일.

피델 카스트로는 쿠바 국민에게 M7-26의 이름으로 호소하는 제1차 성명서에 서명했다. 그가 위대한 혁명가인 호세 마르티의 이름을 걸고 미국에 대한 직접적인 비판을 한 제1차 성명서는, 곧바로 쿠바 전역을 강타하는 도화선이 되었다. 8월 19일, 피델은 쿠바인들이 모금해준 자금으로 무기를 구입하기 위해 미국으로 떠났다.

미국에 도착한 피델은 뉴욕에서 미국 내에 있는 세 개의 반정부단체들의 모임을 개최했고 그 자리에서 역사에 남는 연설을 했다.

"1956년, 진정한 자유를 얻지 못한다면 우리는 순교자가 될 것입니다…."

피델의 연설이 끝나자 곳곳에서는 그의 명분에 동참하고자 거액의 자금을 기부하기도 했다.

한편 1955년 끄트머리, 아르헨티나에서는 우려했던 대로 페론이 실각하고 말았다. 그 소식을 전해들은 체 게바라는 곧바로 조국 아르헨티나도 아르벤즈 대통령이 물러난 과테말라의 역사가 되풀이 될 것이라는 가슴 아픈 현실을 느꼈다. 미국의 개입이 어떤 결과를 초래할지는 불을 보듯 뻔한 것이었다.

어쨌든 체 게바라는 피델을 비롯하여 쿠바인들과 자주 만나면서 특공대원으로서 손색없는 체력을 위해 먹는 것까지 조절하며 열심히 준비했다.

1956년 2월.

그들은 멕시코 외각에 있는 로스가미토스 사격연습장에서 사격연습을 했는데, 이미 어린 시절부터 회전식 권총으로 사격연습을 많이 했던 체 게바라는 명사격수로서의 면모를 유감없이 발휘했다. 여기에 만족하지 못한 피델은 스페인 내전과 많은 사건에 개입했던 알베르토 바요 장군에게 좀 더 안전하면서도 넓은 훈련장을 찾아보도록 명령했다.

그들은 다행스럽게도 멕시코의 수도로부터 그다지 멀지 않은 곳에서 사격훈련에 아주 적합한 장소를 찾아낼 수 있었다. 땅을 빌려준 사람은 멕시코인으로 부유한 엘살바도르 지주의 대리인이었다. 그는 땅을 경작하기 위해 수십 명의 노동자들이 올 것이라는 알베르토 바요의 말을 아무런 의심 없이 믿어주었다.

그리하여 피델은 훈련하기에 아주 훌륭한 장소를 거저나 다름없이 빌려 쓸 수 있었다. 그곳에서의 훈련이 시작되면서 체 게바라는 더욱 각오를 다졌다.

'나는 처음으로 우리의 혁명이 반드시 성공할 것이라는 확신을 가졌다. 사실, 그 이전에는 피델에게 이끌리긴 했어도 강한 회의감을 떨쳐버리지 못하고 있었는데…. 나는 지금, 순수한 이상과 아름다운 행동을 위해 이름 모를 장

소에서 죽어도 좋다는 확신을 갖고 있다.'

의지할 것이라고는 나침반뿐인 상태에서 밤낮을 가리지 않는 행군이 계속됐다. 행군이 끝나면 그대로 땅바닥에서 잠을 자도록 하면서 바요 장군은 대원들에게 강행군을 하게 했다. 그것은 게릴라로서 철저하게 재무장시키기 위한 하나의 조처였다. 그 시간 체 게바라는 바요 장군과 함께 체스를 즐기거나 바요 장군을 주인공으로 한 시를 짓기도 했다.

가자,
새벽을 여는 뜨거운 가슴의 선지자들이여!
감춰지고 버려진 까마득한 길을 따라
그대들이 그토록 사랑하는 민중을 해방시키기 위해

가자,
우리에게 치욕을 주는 자, 정복자들아
모두가 들고일어나 마르티의 별들이 되어
승리를 위해 죽음을 무릅쓰나니,

세상 모든 처녀림에 동요를 일으키고

총성의 첫 발이 몸부림칠 때

그대의 곁에서 싸우니

우리 그곳에 그렇게 서 있으리

토지 개혁, 정의, 빵 그리고 자유를 외쳐대는

그대의 울부짖는 소리, 세상의 아침을 부를 때

우리 그대 곁에 남으리

최후의 전투를 기다리며

정복자에 항거하는 의로운 임무가 끝날 때까지

그대 곁에서 최후의 전투를 기다리며

우리 그곳에 그렇게 서 있으리

국유화라는 화살에 상처를 입은 야수가

옆구리를 움켜쥐고 다시 일어서는 날

그대와 함께 뜨거운 심장으로

우리 그곳에 그렇게 서 있으리

선심을 쓰며 치장을 한 정복자들도

우리의 뜨거운 심장을 약화시킬 수는 없으리

87

또 다른 운명의 시작

우리가 오직 바라는 건

총과 탄약 그리고 지친 몸을 숨길 수 있는 계곡 뿐

더 이상 바랄 것이 없네

아무리 험하고 험한 불길이 우리의 여정을 가로막아서도

우리에게는 오로지

아메리카 역사의 까마득한 곳으로 사라진

슬픈 게릴라*들의 뼈를 감싸줄

쿠바인들의 눈물로 수놓은 수의 한 벌뿐.

✱ 게릴라 : 빨치산(Partizan 파르티잔)이라고도 하며, 비정규적인 전투를 게릴라전이
라고도 한다. 게릴라는 스페인 말로 '소규모의 전투'를 뜻한다. 나폴레옹이 스페
인으로 원정했을 때, 스페인 사람들의 무장 저항을 게릴라라고 부른 데서 비롯
되었다. 게릴라는 보통 소부대의 행동에 의해 적을 기습하여 전과를 거두고 신
속하게 빠져나와 일반 민중 속에 숨어서 반격을 꾀하는 작전을 쓴다. 당연히 적
의 후방이 주요 활동 무대가 되고 그 지방 주민들의 후원을 받아야만 효과적으
로 작전을 수행할 수가 있다. 체 게바라가 쿠바와 볼리비아에서 농민의 지지를
얻으려고 노력한 것도 바로 그런 이유에서였다.

아름다운 혁명가 체 게바라

...6...

최악의 상륙 작전

1956년 5월이 지나면서 체 게바라는 게릴라 훈련에 본격적으로 합류했는데 난데없이 피델 카스트로가 체포되는 사건이 벌어지고 말았다. 물론 명목상으로는 멕시코 정부가 허가한 체류 기한을 넘겼다는 혐의였지만, 실제로는 멕시코 경찰과 미국의 FBI 그리고 쿠바의 바티스타 비밀경찰에 의해 혐의가 조작된 사건이었다. 멕시코 정부가 바티스타 정부에 협조하는 것으로 결정이 내려지면서 피델 카스트로를 체포했다.

아니나 다를까, 쿠바의 수도 아바나에서는 하루빨리 범인들을 자기네 나라로 송환해 달라고 안달했다. 이와 동시에 피델과 함께 변호사 활동을 했던 동료 변호사들이 자유의 수호자들을 보호해야 한다며 여기저기에서 들고 일어섰다. 상황은 예상했던 것보다 훨씬 더 급박하게 돌아가고 있었다.

일다 역시 잠시도 머뭇거릴 틈이 없었다. 그녀는 피델과 관련한 모든 문서들을 친구의 집으로 옮겨 놓았다. 그리고 바로 다음날, 우려했던 대로 두 명의 사복경찰이 일다의 집에 들이닥쳤다.

"당신이 일다요?"

"그렇습니다만…."

"혹시 우편물 같은 것을 받은 것이 있소?"

"물론이죠. 페루에 계신 부모님으로부터 자주 전해 받습니다."

"그게 아니라 내 말은 다른 나라로부터 받은 게 없느냐는 거요?"

"없습니다."

"어쨌든 우리랑 함께 갑시다. 조사할 것이 있소."

"어린 딸아이가 있어요. 누가 돌봐줄 사람이 없는데…."

"좋아요. 그렇다면 절대로 집 밖으로 나오지 마시오. 혐의가 풀릴 때까지는…."

그들이 나가자마자 일다는 태어난 지 4개월밖에 되지 않은 딸아이를 들쳐 업고 미용실로 향했다. 물론 머리를 자르기 위한 것이 아니라 경찰들이 자신을 감시하고 있는지 알고 싶었기 때문이다. 그리고 경찰이 자신을 감시하지 않는다는 사실을 알게 된 그녀는 쿠바 사람들이 자주 드나드는 선술집에 들러 체 게바라와 함께 쿠바로 들어가기로 되어 있는 대원의 한 사람인 크레스포를 만나 현재의 상황을 전했다.

그날 오후, 다시 두 명의 경찰이 일다의 집에 들이닥쳤다. 이번에는 대화고 뭐고 없이 모녀를 차에 태운 채 그대로 연방경찰국으로 끌어갔다.

"이것을 보라고!"

경찰이 내민 것은 작은 우편물이었다. 우편물에는 '알레한드로를 찾아갈 사람이 있을 것이오'라는 내용이 적혀 있었다. 일다는 알레한드로라는 사람에 대해 전혀 아는 것이 없었으므로 모른다는 사실을 열심히 설명했다. 그러나 피델 카스트로의 다른 이름이 알레한드로였던 사실을 일다가 모르고 있었을 뿐이었다.

"당신의 아파트에서 누구랑 함께 살고 있소?"

"남편인 체 게바라 박사와 함께요."

"남편은 지금 어디 있소?"

"베라크루스에 있습니다."

물론 이것은 만일의 사태에 대비하여 체 게바라와 미리 입을 맞춰둔 장소였다.

"베라크루스 어디에 있다는 말이오?"

"호텔에요. 믿지 못하겠다면 가서 확인해 보세요."

"남편은 무슨 일로 그곳에 갔소?"

"알레르기에 관한 연구를 하기 위해 갔죠. 남편의 전공 분야가 알레르기라서요. 정 못 믿겠거든 병원에 연락해 보세요."

잠시 후 그녀는 또 다른 방으로 불려 갔다. 그곳은 먼저 있던 곳보다 훨씬 더 어두운 방이었다.

"중앙아메리카인들을 초대한 적이 있죠?"

"없어요. 물론 내 나라 페루 사람들을 초대한 적은 있습니다."

"정치에 관여하고 있죠?"

"네. 그게 어떻다는 거죠? 변호사를 부르겠어요."

그녀의 말이 떨어지기가 무섭게 일다의 아기를 받아 안고 있던 경찰이 난폭하게 아기를 일다의 품으로 던졌다. 그러고는 진술서에 서명할 것을 재촉했다. 일다는 서명과 동시에 그것으로 무혐의 처리되어 완전히 풀려날 수 있을 것이라고 생각했지만 그것은 그녀의 섣부른 생각이었다. 두 명의 경찰이 그녀를 졸졸 따라다니며 사사건건 참견을 했다.

"남편은 언제쯤 돌아올 예정이오?"

"글쎄요….".

일다는 현재 자신이 겪고 있는 현실을 크레스포가 남편에게 전해줄 시간을 최대로 벌어주고 싶었다. 혹시 운이 없어 남편에게 이 사실이 전해지지 못해 집으로 돌아오게 될 남편을 생각하며 일다는 일부러 잠자리에도 최대한 늦게 들었다.

이튿날 오전 7시가 되자 경찰은 다시 일다에게 경찰서로 출두할 것을 전했다. 일다는 아이를 안고 경찰서로 갈 수밖에 없었다. 심문을 하기 위해 세 번째 담당자가 일다를 기다렸다. 그는 단도직입적으로 물었다.

"우리는 최근 몇 년 동안 당신들을 놓치지 않고 지켜보고 있었소. 남편인 게바라 박사가 과테말라에 머물 때, 소련 사람들과 접촉한 사실이 있소?"

"전혀 듣지 못했어요."

"당신들은 어디서, 어떻게 돈을 벌어서 생활을 하는 거요?"

"나는 세계보건기구(WHO)에서 많은 보수를 받고 일을 하고 있고, 남편 역시 의사니까 병원에서 일을 해서 벌고 있어요."

그때, 일다가 아이와 함께 검거되었다는 소식을 접한 피델 카스트로가 여러 경로를 통해 두 모녀가 불합리한 대우를 받지 않도록 배려했다. 또한 그들을 즉시 석방해야 한다는 자신의 입장을 책임자들에게 전달했다. 그동안 체 게바라는 산타로사의 농장에서 훈련을 받고 있었는데, 이들에 대한 정보를 입수한 경찰들이 어둠을 틈타 그곳을 들이닥쳤다. 그리고 서로 격전을 벌이려는 순간, 그곳을 급히 찾은 피델 카스트로가 이들을 제지했다.

"우리가 싸워야 할 곳은 여기, 멕시코가 아니라 바로 쿠바라는 것을 명심하십시오. 우선은 이 위기에서 벗어나도록 합시다. 여기서 피를 흘리는 것은 쓸데없는 일이 됩니다. 억울하지만 아껴두었다가 진정한 혁명을 위해 피를 흘리도록 합시다."

결국 그들은 경찰에 의해 검거되었고 비밀 문건들도 모두 압수되고 말았다. 검거한 체 게바라를 앞에 둔 심문 경찰이 말했다.

아름다운 혁명가 체 게바라

"당신의 아내와 딸도 이곳에 있소. 만약 당신이 제대로 불지 않는다면 그 두 사람은 무사할 수가 없소."

그러나 체 게바라는 경찰의 협박에도 불구하고 아무런 표정 변화 없이 앉아 있었다.

"소련에서 온 사람들과 만난 적이 있소?"

"없소!"

"정말?"

"그렇소."

'이놈들은 쿠바 혁명가들이 소련 공산당의 영향을 받고 있다고 믿는 모양이야.'

결국 그들은 체 게바라를 통해 아무런 성과를 얻을 수가 없었다.

"나는 쿠바인들과 같은 운명에 놓여 있습니다."

체 게바라의 모국인 아르헨티나 정부를 통해 그가 위기를 모면할 것을 원했던 피델 카스트로의 간절한 바람에도 불구하고 이를 거부한 체 게바라가 피델을 향해 강력하게 말했다. 어쨌든 그 사건을 통해 체 게바라는 피델 카스트로가 멕시코에서 상당한 정치적 인맥을 갖고 있다는 사실을 알게 되었다. 마르크스를 추종하는 조직을 비롯해 좌익계 정당들과도 광범위한 관계를 맺고 있었다. 감옥으로 이

송된 체 게바라는 단식투쟁을 시작했다.

체 게바라는 단식투쟁을 시작으로 자신을 제멋대로 하려는 저들을 향해 당하고만 있지 않을 것이라는 신념을 불태웠다.

별다른 혐의가 있었던 것도 아니었을 뿐더러 막강한 인맥들이 개입되어 활발한 로비 활동을 펼쳤던 까닭에 피델 카스트로는 7월 하순경에 석방되었다. 하지만 불법 체류자라는 이유로 체 게바라는 갈로와 더불어 감옥 안에서 나오지 못했다. 피델이 면회를 오자 체 게바라는 자못 비장한 어조로 말했다.

"나를 두고 모두들 쿠바로 떠나십시오."

"체 게바라, 자네를 기다리겠네. 자네가 석방될 수 있게 여러 방면으로 손을 쓰고 있는 중일세."

피델은 석방된 첫 날, 파우스티노 페레스 박사와 함께 게바라 부부의 집에서 그의 아내와 어린 딸을 위로하며 함께 보냈다.

어느덧 체 게바라가 감옥에 수감된 지 한 달이 지나갔다. 그는 감옥에 있는 동안에도 전혀 자신의 뜻을 굽히지 않았다. 자신의 미래는 쿠바 혁명과 함께할 때에만 가능하고 승리 아니면 죽음이 있을 뿐이라 굳게 믿고 있었다. 또한 그는 쿠바로 가야 한다는 결심을 잊지 않고 늘 쿠바로 가는 꿈을 꾸고 있었다.

마침내 피델은 체 게바라와 갈로를 위해 많은 돈을 써 부패한 엘살바도르 정부의 서명을 얻고, 그들 정부의 비호권을 얻어냈다. 알베르토 바요가 체 게바라와 갈로를 과테말라까지 데려간 다음에 사람들의 눈을 피해 어디론가 빼돌린다는 각본을 짜여지고 실제로 감옥에서 석방된 체 게바라와 갈로는 그 후 행방을 알 수가 없었다.

그로부터 보름이 지난 어느 날, 알다마라고 하는 남자가 일다를 찾아와 체 게바라가 있는 장소를 알려주었다. 일다는 서둘러서 짐을 꾸렸고 오매불망 기다리던 남편을 만나기 위해 알다마가 알려준 장소로 향했다.

"여보! 오랜만이에요. 별 일 없었죠?"

"그럼…. 아이고, 이 녀석 정말 많이 컸네."

눈물을 글썽이는 아내 일다와 딸을 보며 체 게바라는 이렇게 말했다.

"이 정도의 일로 눈물을 보일 필요가 어디 있소. 앞으로 우리가 해야 할 일만 생각하도록 하오. 물론 목숨을 잃을 수도 있겠지. 하지만 우리의 목숨보다 중요한 것은 고통받고 있는 수많은 사람들이 우리를 기다리고 있다는 것이오.

혁명의 성공보다 중요한 것이 어디 있겠소."

일다는 다시 딸과 함께 남편 곁을 떠나 페루로 돌아갔고 그곳에서 M7-26 지지위원회를 조직했다.

어쨌든 멕시코 경찰의 일방적이고도 포괄적인 검거 조치는 M7-26에게 크나큰 타격을 안겨주었다. 그럼에도 불구하고 피델 카스트로는 쿠바 공격에 대한 준비를 서두르고 있었다.

바티스타 정부 또한 이 사실을 알고 있었기에 쿠바 해안에 대한 철저한 경계령을 내렸다. 그뿐만이 아니었다. 가까운 곳에 주둔하고 있던 막대한 병력을 동원하여 피델의 군사들이 지니고 있는 일체의 무기는 물론 그의 대원들까지 바다 속에 그대로 수장시키기 위한 명령을 내려놓고 있었다.

이제 더 이상 준비 단계에만 머물러 있을 수는 없었다. 이미 그들의 상륙 작전이 사전에 유출된 이상 선택의 여지가 없었다. 피델은 본격적인 행동을 위해 배를 한 대 구입했다. 이 배는 그란마라 불리는 낡은 배였다.

"추추 레예스! 이 배의 승선 인원이 어느 정도나 되나?"

"네. 최대 스물다섯 명 정도입니다."

"그러면 그 배를 개조하여 80명은 거뜬하게 탈 수 있도록 해보게."

"네? 하지만…."

"우리는 최대한 많은 인원을 태우고 가야만 하네. 그렇다고 여러 대에 나눠 탈 수 있는 형편도 아니지 않은가. 최선을 다해주게. 혁명의 출발이 자네의 손에 달렸다는 것을 명심하게."

소집 명령을 받은 대원들이 베라크루스와 멕시코시티를 비롯해서 알라파, 빅토리아 등지에서 여러 경로를 통해 은밀하게 도착했다. 대원들이 모두 모이자 85명이나 되었다. 개조된 배의 최대 인원을 초과했기에 피델은 하는 수 없이 몇 명의 대원을 참가시킬 수 없다는 결론을 내려야만 했다. 가능한 한 많은 대원을 승선시키기 위해 몸무게가 많이 나가는 사람은 제외시킬 수밖에 없었다.

어느 깊은 밤 피델을 중심으로 한 대원들은 배에 무기와 연료, 식량 그리고 물을 실은 다음 숨조차 쉬기 어려울 정도로 서로의 간격을 좁히며 배에 올라탔다.

1956년 11월 25일 새벽 1시 30분.

대원들을 태운 배에 드디어 작은 흔들림이 시작됐다. 배에 시동이 걸린 것이었다. 그들은 모두 올리브 그린색의 군복을 입고 불을 끈 채, 천천히 강을 따라 내려가기 시작했다.

그 시각 쿠바에 있는 M7-26 본부는 배가 상륙할 해안의 몇 군데에 대원들의 혁명 기지를 만들 준비를 하고 있었다. M7-26의 쿠바 행동본부장이던 프랑크 파이스는 산체스 만둘레이에게 대원들을 환영할 준비를 하라고 일러둔 상태였다.

바티스타 정부 역시 손을 놓고 그대로 앉아 있지는 않았다. 그들은 의심이 되는 배들의 리스트를 작성해 해안의 경계를 맡고 있는 책임자들에게 전했다. 이에 따라 해안의 경계는 한층 더 강화됐다. 상황이 그처럼 급박하게 돌아가고 있을 무렵, 체 게바라의 머릿속엔 섬광처럼 무엇인가 스치고 지나가는 것이 있었다.

'앗, 약을 챙기지 못했구나.'

그러나 그 사실을 깨우쳤을 때는 이미 자신의 몸이 멕시코만을 통과할 무렵이었다. 어쩔 수 없는 심정으로 마음을 추스른 순간 갑작스런 바람이 불기 시작하면서 항해가 어려웠다. 계획대로 속력을 낼 수가 없었다. 게다가 풍랑으로 배가 어찌나 심하게 요동을 치던지 승선한 사람들의 뱃속은 말할 것도 없고 정신까지 온통 뒤흔들어 놓았다.

출항한 지 닷새 째 되는 날, 그들은 쿠바의 북부해안이 멀지 않은 카리브해를 운항하고 있었는데, 이미 그들에겐 아무런 식량도 남아 있지 않았다. 게다가 체 게바라는 설상가상으로 또 다른 고통에 휩싸였다. 우려했던 천식이 그를 덮쳐왔다. 서로의 사이가 비좁던 탓에 체 게바라의 고통은 다른 대원들에게 그대로 전해질 수밖에 없었다. 그나마 다행이었던 것은 너무도 상황이 긴박했던 탓에 체 게바라는 천식을 잘 이겨냈다. 굶주림에 지쳐 있던 다른 대원들 또한 천식의 고통을 참아내는 체 게바라를 보면서 정신력으로 어려움을 버틸 수가 있었다. 쿠바의 해안선이 눈에 보일 무렵, 그들에게는 단 한 방울의 물은 물론 연료 그리고 빵 부스러기 하나 남아 있지 않았다.

그러한 최악의 상황에서 12월 2일 새벽, 그들이 탄 배는 거센 파도에 떠밀려 항로를 잃고 늪지로 빠져들고 말았다. 그뿐만 아니었다. 엎친 데 덮친 격으로 길을 잘못 드는 바람에 지원군과의 합류도 어려워진 상태였다. 어쩔 수 없이 그들은 무게가 나갈 만한 무기들을 버리고 나머지 짐들을 어깨에 둘러메고 망그로브 숲으로 들어갔다. 그리고 땅바

닥에 바싹 엎드리고 지원군을 기다리고 있었다.

사상 최악의 상륙 작전은 그들에게 닥칠 갖은 고난과 위험의 전초전에 불과했다. 대원들이 타고 왔던 낡은 배는 누군가에 의해 발견되어 바티스타 당국에 신고가 되었다. 이에 바짝 긴장을 한 정부군은 언제든 총과 포를 발사할 수 있도록 만반의 준비를 하고 있었다.

한참 동안 먼 거리를 행군하고 나서야 간신히 지원군을 만난 피델 일행은 페레스 로사발의 도움으로 겨우 기력을 회복했다. 그때는 이미 수많은 대원들을 잃은 후였다. 일행 에서 뒤처진 대원들은 숲에서 길을 잃었다. 그들이 겨우 한 숨을 돌리고 있을 무렵 해안으로부터 갑자기 여러 발의 총 소리가 울려 퍼졌다. 대원들은 신속하게 시에라마에스트라 쪽으로 움직였고 얼마 지나지 않아 엘란촌에 이르렀다.

7

언론플레이

누군가의 밀고로 인해 쿠바에서 행동대장을 맡고 있던 프랑크 파이스의 지휘본부가 발각되는 일이 생겼다. 다행스럽게 위험으로부터 벗어난 대원들은 라트로차 언덕까지 전진했다. 제대로 먹지도 못한 데다가 쉬지 않고 행군했던 대원들은 카보크루스 산자락에 있는 어느 사탕수수 농장 근처에서 잠시 휴식을 취했다. 대원들이 그렇게 휴식을 취하고 있는 동안 그들을 안내했던 타토 베가가 그들을 정부군에 밀고했고, 대원들은 곧바로 정부군으로부터 치명적인 공격을 받았다. 대원들은 혼비백산해서 사탕수수밭으로 뛰어들었다. 그 순간 대원들에게 있어 도망치는 것 외에는 달리 아무런 방법이 없었다. 총알과 약품 상자조차 챙길 겨를도 없이 정신없이 쏟아지는 포탄을 피해 도망칠 수밖에 없었다. 순간 어느 대원이 항복해야 된다는 절망적인 말을 토해냈지만 정작 어느 누구도 그 절망적인 상황에서 항복하지는 않았다.

총격이 조금 잦아들자, 대원들은 중대장인 후안 알메이다 보스케 대위의 명령에 따라 힘든 행군을 계속했다. 행군이 더욱 힘들었던 것은 그들의 숨통을 조이는 정부군의 잔악성 때문이었다. 부상자들이 속출한 상황에서 필사적으로 사탕수수밭을 헤집고 도망가는 대원들을 향해 정부군은 사탕수수밭에 불을 지르는 잔인함을 보였다. 포탄을 비 오듯 쏟아 붓던 것도 그들은 만족할 수가 없었던 모양이었다.

대원들은 알메이다 대위를 따라 필사의 탈출을 시도했다. 차라리 죽는 편이 더 나을 정도로 고통은 이루 헤아릴 수가 없었다. 대원들의 상황은 그야말로 풍비박산이었고, 살아남은 대원들은 20여 명에 지나지 않았다. 대원들에 대한 정부군의 처참한 살육은 사람들의 입을 통해 널리 퍼져나갔고 시에라마에스트라 산악 지대는 서서히 혁명의 위대한 무대로 자리 매김 하기 위해 준비를 하고 있었다.

시에라마에스트라는 폭이 50킬로미터에 길이가 1백 30킬로미터에 달하는 거대한 산악 지대로, 봉우리는 장엄하기 이를 데 없었고 아래는 무엇이든 삼킬 듯한 늪이 펼쳐져 있는 곳이었다. 문명과는 거리가 멀었지만 쿠바의 애국자들 사이에선 전설적인 전투가 벌어졌던 곳으로 기억된다. '열두 명밖에 남지 않은 우리들이지만 우리들 열두 명은 쿠바를 독립시키기도 남을 숫자다'라는 역사적인 말이 살아 숨 쉬는 곳이기도 했다.

1956년 12월 23일.

피델 카스트로는 다시 모인 열아홉 명의 대원들을 이끌고 장구한 역사가 살아 숨 쉬는 그 오솔길을 걸어 올라갔다. 하지만 그들의 앞에는 최첨단 무기로 중무장한 4천여 명의 정부군이 버티고 있었다.

그런데 알 수 없는 일이 벌어졌다. 사람들 사이에 피델 카스트로가 죽었다는 소문이 퍼져나가고 있던 것이다. 사람들은 그 말을 믿었고 정부군 역시 자신들이 게릴라들인 반군을 완전히 소탕했다고 믿고 병력의 주요 부분을 철수시켰다. 그 틈을 이용해 몸을 추스른 게릴라들은 농민들의 참여로 인원을 보충할 수 있었고 식량과 더불어 무기까지 손에 넣을 수 있었다. 게릴라들은 마에스트라 가운데에 있는 실란트로 산 후미진 골짜기에서 1957년의 새해를 맞이했다. 그 무렵 피델과 라울, 알메이다 그리고 체 게바라가 오리엔트 지방의 남쪽 해안가인 라플라타 강 하구의 군사 기지를 습격하는 문제를 논의했다. 사실 이것은 어디 하나 기델 곳 없는 그들에게 너무나 무모한 계획이라고 할 수도 있었지만, 대원들이 40여 명으로 늘어나 있는 상태였기에 굳이 그곳이 아니라 하더라도, 사기를 북돋기 위해서 어떤 것이든 작전을 수행해야만 했다. 그러나 정부군이 모조리 철수한 것은 아니었다.

"분명, 반란군을 모조리 제거한 것인가?"

"그렇습니다."

"그렇다면 시체가 있어야 할 것이 아닌가! 그런데 발견된 반란군이 어디에도 없지 않느냔 말이야! 다시 한 번 그 일대를 샅샅이 수색해 봐."

디아스 타마요 정부군 장군은 부하들을 닦달해 그 일대를 다시 한 번 수색했지만, 수색대는 빈손으로 돌아왔다.

"반란군은 완전히 소탕된 것이 아니었다. 당장 공격 준비를 하도록 해!"

"그러기 위해서는 장비를 좀 더 보강해야 할 것 같습니다."

"무슨 소리야!"

"하늘에서 무차별 공격을 퍼붓기 위해서는 장비가 보강돼야 할 것 같습니다."

"좋아."

결국 쿠바 정부군은 미국으로부터 B-26 폭격기 여섯 대를 빌려 대대적으로 공군력을 강화했다. 하지만 이러한 조치는 게릴라들에게 죽음을 두려워하지 않겠다는 의지를 더욱 더 강화시키는 역할을 할 뿐이었다.

1957년 1월 14일.

게릴라들은 망원경이 부착된 총을 비롯해 스무 자루가 조금 넘는 총을 들고 공격할 대열을 정비했다. 그러고는 라플라타 해군 기지를 향해 반격의 물꼬를 텄다. 동이 터 올 무렵, 그들은 어느 젊은이의 농장에 들러 돼지 한 마리 얻기를 간곡히 요청했다. 네 살 때 고아가 된 이후 혼자서 농장을 운영하고 있던 그 젊은이는 자신의 농장에 들이 닥친 무리들이 악명 높은 쿠바 정부군의 특수부대원인 줄 알고 그들의 간곡한 요청을 거절하지 못했다. 대원들은 젊은이로부터 허락을 받아낸 다음 제일 큰 돼지 한 마리를 삶아서 허기진 배를 채웠다. 그런 그들을 말없이 바라보던 젊은이를 향해 체 게바라가 앞으로 나서며 말문을 열었다.

"의사를 한 번이라도 만난 적이 있소?"

갑작스런 질문에 젊은이는 잠시 머뭇거리다 나지막이 대답했다.

"없습니다."

실제로 그곳은 문명과는 거리가 먼 곳이었다. 당연히 병원시설이 있을 수 없었기에 의사 또한 만날 기회가 많지 않았다. 젊은이의 대답이 떨어지기가 무섭게 체 게바라는 젊은이의 건강한 신체가 부러운 듯 엷은 미소를 흘렸다.

허기진 배를 채운 대원들은 망원경을 이용해 정부군의 동태를 살폈다. 때마침 정부군의 기지로부터 멀리 정찰 나온 두 명의 정부군을 생포할 수가 있었고 그들에게서 군사기지의 사정을 훤히 알 수 있었다. 게다가 포로들은 그 지역 토호의 농장감독으로 악명 높은 치초 오소리오와 자신들이 만나게 될 것이라는 사실도 알려주었다. 그들의 말대로 얼마 지나지 않아 말 위에 뚱뚱한 몸을 싣고 술이 거나하게 취한 치초 오소리오가 나타났다. 피델이 그를 막고 나섰다.

"지금 검문 중이다!"

피델은 포로들로부터 미리 들어둔 암호를 댄 다음, 짐짓 거드름을 피우며 분개한 표정으로 이렇게 말했다.

"우리는 지금 반란군을 모조리 제거하지 못한 이유를 조사하러 왔다."

그러자 술이 덜 깬 치초는 타고 있던 말 위에서 잽싸게 내려와 더듬거리며 해명했다.

"군인이라고 할 것도 없는 놈들이 반란군을 잡기는커녕 어떻게 하면 조금이라도 더 먹을 수 있을 것인가를 궁리만 하고 있어서 그리 된 것입니다."

술 냄새를 잔뜩 풍기며 또 한 마디를 덧붙였다.

"지금도 게으르고 미련한 농사꾼 두 놈을 죽이고 오는 중인데, 정부군 놈들은 고맙다는 말 한 마디 할 줄 모른단 말이오."

듣고 있던 피델이 한 술 더 떠서 넌지시 물었다.

"만약 당신 앞에 피델이 나타난다면 어찌할 셈인가?"

그러자 그는 생각할 틈을 두지 않고 한 손을 들어 목을 긋는 시늉을 했다. 피델은 어이없는 표정을 지으며 그의 몸을 훑어 내렸다. 순간 피델의 눈에 낯익은 것이 눈에 들어왔다. 자신들이 타고 왔던 배에 있던 멕시코제 장화였다. 그것을 뚱뚱하고 거드름 피우는 치초가 신고 있었다. 피델과 대원들은 그런 그의 모습이 매우 못마땅했지만 군사기지가 가까워지자 치초에 대한 마음을 잠시 접어야 했다. 대원들은 네 팀으로 나뉘어 군사기지 공격 단계를 조정한 다음, 오전 2시 40분 일제히 공격을 시작했다.

그 와중에 치초의 목이 피델의 총에 날아갔고, 만만치 않게 저항하는 정부군과의 치열한 전투 끝에 피델과 그의 대원들은 승리의 함성을 지를 수 있었다. 게릴라는 많은 무기를 손에 넣을 수 있었다. 동시에 포로 중의 한 명이 피델의 휘하에 들어오기로 하면서 증원군까지 얻었다.

포로를 대하는 피델의 대원들과 정부군의 태도에는 확실히 차이가 있었다. 정부군은 부상당한 포로는 말할 것도 없고 부상당한 자기편까지 버리고 갔지만, 피델의 대원들은 절대로 그런 비인간적인 행위를 저지르지 않았다. 바로 이러한 차이가 시간이 지나면서 반란군의 힘을 강하게 해준 요인이었다. 다시 말해 반란군인 게릴라들은 적을 대할 때조차 인간을 존중하는 자세를 보여주었다.

게릴라들은 많은 무기들을 챙겨 되돌아가는 길에 그들이 돼지를 잡아먹었던 젊은이의 농장을 다시 찾았다. 이미 소식을 들은 젊은이가 이번에는 자발적으로 나서서 게릴라들에게 닭을 잡아주고 많은 곡식들을 내놓았다. 오랫동안 포악한 치초의 횡포를 보아온 젊은이는 무엇보다 그를 혼내준 게릴라들이 고마웠다. 그리고 3월 25일, 그 젊은 농장주인은 피델의 대원이 되어 험난한 게릴라 생활을 함께하게 됐다.

라플라타 군사기지의 최초의 습격은 게릴라들에게 있어 최초의 승리를 안겨주기도 했지만 큰 의미를 부여할 수 있는 사건이었다. 게릴라들에 대한 소식이 험준한 산간 벽지에서 멀리 떨어진 지역까지 쿠바 전역으로 알려질 수 있는 계기가 되었고, 대원들 개개인들에게는 정부군과의 투쟁 준비가 완전히 끝났음을 확인했다.

5월부터 시작된 우기는 10월에 이르러서야 그 끝을 보이는 듯했다. 그러나 살을 에도록 추운 계절이 그 뒤에 기다리고 있어서 게릴라들은 그 무엇보다 활동의 본거지를 확보해야만 했다. 게릴라들은 잡아두고 있던 포로들을 풀어주고 나서 해가 뜨기 전에 시에라마에스트라에서도 가장 깊숙한 곳인 팔마 모카로 들어갔다.

"우리에게는 싸우는 것보다 중요한 것이 있소. 그것은

아름다운 혁명가 체 게바라

바로 이 지역에 살고 있는 농민들로부터 신뢰를 얻는 일이오. 우리가 농민들을 혁명에 끌어들여 우리 편으로 만들수 있다면 그것은 곧 승리 이상의 것을 의미하는 것이 될 것이오."

피델은 늘 이것을 강조했고 대원들에게 자발성을 기르기 위해 노력하도록 격려했다. 그런 의미에서 볼 때, 체 게바라는 피델이 요구하는 것에 가장 적합한 인물이었다. 일단 그는 의사였기 때문에 제대로 된 진료 한 번 받아보지 못한 농민들과 그들의 아이들을 보살피며 그들에게 호감을 살 수가 있었다. 지금껏 제대로 된 진료 한 번 받아보지 못한 가난한 이들에게 웃음과 평화를 찾아준 체 게바라를 통해서 마을 사람들은 소문으로 듣던 게릴라들이 정말로 무시무시한 사람들이 아니라는 것을 알게 되었다. 진료를 받으려면 엄청난 돈이 필요한 것으로 알고 있었는데, 그 낯선 게릴라는 돈을 요구하기는커녕 그저 따뜻한 미소만 짓는 것이 아닌가.

"게릴라 중에 백인 의사가 있다면서요?"

"아, 글쎄 아이가 아파도 돈이 없어 병원 근처에는 얼씬도 못했는데 그 의사가 돈 한 푼 받지 않고 고쳐주었지 뭐예요."

"아니, 게릴라라는 사람이 정부에서 말하는 것과는 영 딴판이네."

"웬걸요. 그들이야말로 우리가 원하는 것이 진정 무엇인지 아는 것 같던데…."

백인 의사에 대한 소문은 빠르게 퍼져 나갔다. 체 게바라는 어떤 곳에서도 자신들의 일에 대한 합리화를 위한 어떤 말도 언급하지 않았지만, 그의 의술은 사람들의 가슴에 혁명의 필요성을 심어주기에 충분했다. 그는 가난하고 불쌍한 사람들이 진정으로 원하는 것이 무엇인지 알았기에 그들을 금방 자기편으로 만들 수 있었다.

농민들은 점점 게릴라들에게 마음을 열고 있는데도 정부에서는 그러한 상황에 대해 별다른 대응책을 마련하지 못하고 있었다. 어쩌면 시에라마에스트라라는 지역이 아바나에서 8백 킬로미터나 떨어져 있었기 때문에 안심하고 있었는지도 모를 일이었다. 그 즈음 피델은 다른 지휘관들과 새로운 공격지로 지옥의 개울이라 불리는 곳에 주둔하고 있는 정부군을 지목하고 있었다.

1957년 1월 19일.

그들은 공격에 앞서서 체 게바라를 비롯해 일곱 명의

정예대원을 뽑아 정탐에 나섰다. 정탐을 끝내고 지휘본부로 돌아오던 체 게바라는 하마터면 목숨을 잃을 뻔했다. 라플라타 공격에서 얻은 정부군 상사의 헬멧을 체 게바라가 보란 듯이 쓰고 다녔는데, 어둠 속에서 체 게바라를 알아볼 수 없었던 보초 대원 한 명이 그 헬멧을 보고 방아쇠를 당겼다.

다행스럽게도 자동소총이 말을 안 들어 총알은 체 게바라의 귓가를 스치고 지나갔다. 체 게바라는 그날로 그 헬멧을 벗어 던졌다. 그리고 자신들이 지금 행하고 있는 그 모든 것들에 대해 다시 마음을 잡았다.

'전쟁을 즐기는 미치광이들이 아닌, 어쩔 수 없어서 하는 것이 아니라 꼭 해야만 하기 때문에 그 험한 길을 가는 것이라고…'

1957년 1월 22일 아침.

지옥의 개울을 공격하는 일은 싱거울 정도로 쉽게 끝났다. 하지만 대원들이 경사진 산을 우회해 귀환하고 있는 도중에 정부군 한 소대가 그들의 뒤를 따라 전진해 온다는 정보를 들었다. 귀띔을 해준 농부의 말에 의하면 대담성과 완력으로 시에라에서 악명을 떨치고 있는 산체스 모스케라가 부대를 지휘하고 있다고 했다. 싸움이 거듭될수록 체 게바라는 전략 및 전술을 논의하는 자리에 자주 참여했다. 그는 빈틈없는 전략과 냉정하고 통찰력 있는 게릴라적 자질을 충분히 갖춘 것은 물론 의사로서의 능력까지 겸비하고 있었던 것이다.

"훌리오! A와 B 그리고 E와 I를 구분하는 법을 가르쳐줄게요."

"글쎄… 학교라고는 근처에도 가보지 못해서…."

"알면 편하잖아요."

밤이 되면 체 게바라는 그 지역 농민들을 가르치는 선생님으로 변신했다. 또한 그는 피델 카스트로의 동생 라울에게 프랑스어를 가르치기도 했다. 그는 언제나 남보다 늦게까지 촛불을 밝히고 책을 읽었기 때문에 초를 만드는 데 사용되는 밀랍을 가장 많이 소비하는 대원이었다.

한편 아바나의 바티스타는 게릴라들이 완전히 소탕되기는커녕 시퍼렇게 살아 정부군을 사살하는 등 정부군을 혼란에 빠뜨리자 점점 불안해지기 시작했다. 그래서 피델을 없애거나 생포하기 위해 막대한 포상금을 걸어놓고 있었다. 그 덫에 걸린 사람이 바로 게릴라들을 안내하던 농부 에우티미오였다.

농부들의 배신으로 알레그리아델피오에서 위기에 처했던 대원들은 철저하게 경계심을 풀지 않았다. 하지만 29일 아침, 그들의 안내자였던 농부 에우티미오가 병든 어머니를 수발해야 한다며 그들의 진영을 떠나겠다고 했을 때, 피델은 여비까지 그의 손에 쥐어주며 그를 보냈다. 하지만 그 이튿날 그들은 이미 목표물을 정확히 찾은 폭격기들의 무차별 공격을 받았다. 다행스럽게도 진지로부터 약 2백 미터 후방에 불을 피우는 습관으로 대형 참사는 막을 수 있었다.

그로부터 이틀 후, 만자니요에 머물고 있던 프랑크 파이스와 셀리아 산체스가 보낸 30여 명의 지원군이 도착했다. 그들은 각종 의복은 물론이고 식량과 약간의 의약품을 비롯해 수술에 필요한 도구들까지 챙겨 왔다. 그들은 자신들의 진지가 이미 폭격을 맞은 상태였기에 지휘본부에서는 좀 더 안전한 지역으로 옮기기로 결정했다. 진지를 옮기는 것으로 어수선해져 있는데 에우티미오가 자신이 얘기했던 날짜보다 일찍 돌아왔다. 그의 출발과 동시에 게릴라들의 진지에 폭격이 이루어졌지만 그가 다시 돌아왔다는 사실 하나만으로 게릴라들은 그를 여전히 믿어주었다. 실제로 그는 산체스 모스케라에게 붙잡혀 게릴라들의 은

신처를 알려준 장본인이었다.

"네가 피델 카스트로를 죽이기만 한다면 농장은 물론이고 많은 상금과 일 계급 특진을 보장하겠다."

그는 산체스의 사탕발림에 넘어가고 말았다. 그럼에도 불구하고 그가 얼마나 철저하게 자신의 내면을 숨겼던지 피델은 추위에 떨고 있는 그가 안쓰러워 자신이 덮고 있던 담요까지 내줄 정도였다. 그러니 피델은 그가 45구경 소총으로 무장을 하고 자신의 목숨을 노리고 있으리라고는 상상조차 하지 못했다.

그가 양심의 가책을 느꼈는지 아니면 지레 겁을 먹었는지는 모르지만, 그는 결국 피델을 죽이지 못한 채 식량을 구해오겠다며 다시 진지를 떠났다. 물론 그것은 정부군에게 새로운 정보를 알리려는 속셈 때문이었다.

게릴라들이 한창 점심을 준비하고 있을 무렵, 한 농부가 숨을 헐떡이며 헐레벌떡 뛰어오더니 정부군이 몰려들고 있다는 소식을 전해주었다. 게릴라들이 즉시 숲 속으로 숨어든 것과 동시에 그들의 진지에는 사정없이 포탄이 쏟아져 내렸다. 그 무차별적 공격을 통해 체 게바라로부터 알파벳을 배우던 훌리오가 목숨을 잃고 말았다.

"분명, 에우티미오 그 놈의 짓일 거야."

"그래, 그 놈은 처음부터 뭔가 수상했어. 우리가 너무 방심을 해서 그것을 몰랐던 거야."

어둠이 내릴 무렵, 체 게바라는 다른 게릴라들과 에스피노에 집결하여 로몬으로 행군할 것을 결정했다. 하지만 그곳은 이미 에우티미오가 알고 있는 장소였기에 한편으로는 여간 걱정스러운 부분이 아닐 수 없었다.

"지금으로서는 무엇보다 M7-26 전선을 형성하고 있는 평지 사람들과 합류하는 것이 급선무요."

새벽 무렵, 피델과 게릴라들이 평지의 책임자들과 만나 작은 농가를 찾았다. 마침 부엌에서 일을 하고 있던 농부의 아내가 그들을 보고 몹시 당황했다.

"에그머니나!"

그녀는 깜짝 놀라면서도, 말로만 듣던 게릴라들을 직접 볼 수 있다는 사실에 감격했다.

얼마 지나지 않아 프랑크 파이스와 아르만도 아르트, 셀리아 산체스가 그들 앞에 모습을 드러냈다. 프랑크 파이스는 자신이 그들을 찾아온 이유를 털어놓았다. 피델에게 좀더 안전하게 운동을 전개할 시기가 될 때까지 쿠바를 떠나 다른 나라로 피신해 있으라고 설득하기 위해 찾아왔던 것이었다.

"당신의 생사가 우리뿐만 아니라 많은 사람에게 있어서 얼마나 중요한 것인지를 말하는 것은 새삼스러운 일이 아닙니다. 당신이라는 존재가 지닌 중요성을 결코 잊어서는 안 된다는 얘깁니다."

몇 시간 정도 겨우 눈을 붙였던 피델이 조용히 입을 열었다.

"지금 정부군은 감히 우리에게 가까이 다가설 엄두를 내지 못하고 있소. 나에게 무기와 탄약을 좀 더 지원해준다면 나는 여기서 두 달 안에 싸움을 전면전으로 확대할 자신이 있소. 무기만 충분하다면 스무 명 정도의 인원으로도 바티스타와의 전쟁에서 이길 수 있단 말이오."

결국 프랑크 파이스와 아르만도 아르트, 셀리아 산체스는 피델과 그 동료들의 진지함, 열정 그리고 단호한 결단력에 감동하며 자리에서 일어섰다.

그 후, 코로스에서는 비록 작은 일이지만 혁명의 불화살을 당기는 데 일조한 또 다른 만남이 이루어졌다. 셀리아의 주선으로 피델과 미국의 뉴욕 타임즈 기자인 허버트 L. 매튜스의 만남이 이루어졌다.

그 만남이 전 세계에 미칠 영향을 고려하고 있던 피델

은 적지 않은 과장을 부리며 자신들이 얼마나 많은 사람들로부터 지지를 받고 있는지를 그럴 듯하게 말했다. 이미 짜인 각본에 따라 매튜스를 만나고 있던 피델에게 전령 하나가 숨 가쁘게 달려왔다. 그러고는 제2중대의 연락책이 도착했음을 보고했다.

"지금 중요한 사람과 만나고 있으니 잠시만 기다리라고 해!"

피델은 자못 위엄 있는 목소리로 명했다.

피델과 인터뷰를 마친 뉴욕 타임즈 매튜스 기자는 기사를 작성하여 전 세계에 타전했고 '과연 바티스타가 반군의 지휘본부를 소탕할 수 있을지 의문'이라는 헤드라인의 기사를 대서특필했다.

그 기사는 쿠바의 수도 아바나에서도 다뤄졌고 피델 카스트로의 예측대로 적지 않은 파문을 몰고 왔다. 그러자 정부의 국방장관은 어쩔 수 없이 담화문을 발표하지 않을 수 없었다.

'항간에 떠돌고 있는 피델 카스트로에 대한 기사는 그저 국민을 선동하기 위한 조작된 사기극일 뿐이라고….'

정부군 국방장관의 담화문이 발표될 만큼 쿠바에서의

혁명은 매스미디어의 매력을 게릴라들이 적절히 활용한 혁명이 되었다. 뉴욕 타임즈의 기자를 험준한 산속의 게릴라 진지까지 불러들여 기자 회견을 했다는 것은 정부군에게 큰 타격을 줄 수밖에 없었던 것이다. 같은 해 4월에는 미국의 CBS방송국 기자를 불러들여 회견을 갖고 그 장면을 미국 전역에 방송을 함으로써 산속의 게릴라들과 도시의 대원들 간에 통일 전선을 구축하기도 했다.

한편 게릴라들과 농민들의 협력이 더욱 더 공고해질 무렵, 배반자인 에우티미오가 또 다시 모습을 드러냈다. 그러자 게릴라 대원인 알메이다와 카밀로가 재빨리 에우티미오를 체포했다. 그는 여전히 45구경 소총과 실탄 세 발 그리고 정부에서 발부한 통행증까지 소지하고 있었다.

"죽어 마땅한 죄를 지었습니다. 용서하십시오."

이미 자신이 저지른 소행이 들통 났다고 생각한 에우티미오는 피델 앞에 무릎을 꿇었다. 그가 피델에게 손을 내민 것과 동시에 불꽃이 일더니 그 자리에서 에우티미오가 고꾸라지고 말았다. 배신자로 인해 피델의 손이 더러워지기 이전에 누군가가 에우티미오를 향해 총을 쏘아버렸다.

끝이 보이지 않는 행군이 계속되었다. 체 게바라는 밤마다 진지를 한 바퀴 돌며 지친 게릴라 대원들을 위로했고 유난히 별이 빛나는 밤이면 딸에게 주는 시를 적으며 시리게 파고드는 그리움을 달래곤 했다.

8

게릴라들과 농민들

게릴라들은 계속되는 정부군의 추격을 따돌리며 험한 정글을 헤치며 힘든 행군을 이어갔다. 그러던 어느 날 천식으로 호흡곤란을 겪던 체 게바라가 주사기를 소독하다가 쓰러지는 일이 생겼다. 그는 시체처럼 꼼짝하지 않았다. 바로 그때 수많은 정부군이 그들의 뒤를 바짝 따라 오고 있었다. 상황이 다급해지자, 루이스 크레스포 대원이 그를 마구 흔들어댔다.

"이보게, 정신 차리라고. 적군이 코앞에 있단 말이야."

체 게바라는 여전히 아무런 반응이 없었다. 그러자 사람 좋은 루이스가 체 게바라를 향해 험한 말을 토해내기 시작했다.

"이 빌어먹을 놈아! 살고 싶으면 무슨 수를 써서라도 움직이란 말이야."

게릴라들 사이에서 자존심을 건드려, 더 좋은 효과를 내는 욕지거리도 체 게바라에게는 통하지 않았다. 그만큼 체 게바라의 상태가 심각했던 것이다.

"쳇, 할 수 없군."

결국 루이스는 체 게바라를 들춰 업고 정부군들의 빗발치는 포격 속을 헤치며 나아갔다. 어느 정도 걸어가자 허물어져 가는 움막이 눈에 띄었다. 루이스는 정부군의 정찰대가 다가올지 몰라 엎드린 자세로 체 게바라를 바닥에 내려놓았다. 다행스럽게도 날이 금방 어두워졌고 체 게바라의 호흡도 조금씩 안정을 되찾기 시작했다.

"자네가 날 구한 게로군."

의식을 되찾은 체 게바라가 루이스를 바라보며 말문을 열었다.

"그래, 그런 욕을 먹고도 정신을 못 차리나?"

"고마워."

"지금 그렇게 한가한 소리를 할 때가 아니야. 우린 지금 대원들과 너무 멀리 떨어져 있다고. 나에게 나침반이 있으

니까 별들과 대조해 대원들에게 돌아가도록 하지."

"왜 나를 구하기 위해 위험을 자초한 거지?"

"우리 아버지도 지독한 천식환자였어. 어렸을 때, 아버지가 고통스러워하는 것을 보면 내 마음도 천 갈래 만 갈래 찢어지는 것 같았지. 그냥… 아버지 생각이 나서…."

체 게바라는 그의 사투리 발음을 완전히 교정시켜주는 것으로 고마움을 대신했다. 루이스는 순간 쿠바 섬에 도착하던 날을 떠올렸다. 늪지대를 벗어나기 위해 많은 힘을 소요한 체 게바라를 보며 루이스는 그의 짐들을 들어주려고 했다. 그러자 체 게바라가 자신이 쿠바에 온 것은 응석을 부리기 위해 온 것이 아니라 싸우러 왔음을 상기시켰다.

게릴라들은 라디오를 통해 피델에 관한 기사가 상당한 파문을 일으키고 있다는 사실을 알게 되었다. 또한 국방장군의 담화문에 관한 것도 알 수가 있었다.

"이토록 어리석은 변명을 하다니!"

피델과 대원들은 국방장관의 담화문을 접하며 고무적으로 받아들였지만 곧이어 프랑크 파이스가 수감됐다는 나쁜 소식도 들렸다. 이에 피델은 즉각 성명서를 발표했고 마지막에 '필요하다면 1년이 아니라 10년이 걸릴지라도 투쟁은 계속하겠다'고 힘주어 강조했다.

천식으로 인해 체력이 약해질 대로 약해진 체 게바라를 비롯해 배를 타고 쿠바 섬에 상륙한 대원들이 열여덟 명뿐인데도 불구하고 피델은 허세를 부렸다. 동시에 피델은 독재자 바티스타에 반대하는 다른 여러 정당들의 합의를 이끌어내기 위해 열심히 노력했다. 그는 총파업을 통해 전국적인 반바티스타 운동을 이끌어내는 일이 독재자를 몰아내는 데 가장 필요한 방법이라 판단했다.

✹

게릴라 생활에는 무엇보다 식량이 필요했지만 식량은 언제나 턱없이 부족했다. 때문에 체 게바라는 식량 분배 과정을 꼼꼼하게 체크했다. 어느 날 새로 들어온 식량 분배 대원이 다른 대원들과 달리 체 게바라의 접시에 더 많은 음식을 올려놓는 일이 있었다. 그러자 그는 대원을 향해, 받아든 자신의 접시를 던져 버렸다.

"여기서 당장 나가라. 식량을 준비하는 것은 전투와 마찬가지로 중요한 일이다. 너는 적에게도 총을 가려서 쏠 참이냐!"

그는 대원들을 이끄는 입장이었기에 모두가 평등하게 대우받아야 한다는 것을 철저하게 따졌다.

게릴라, 즉 반군에 대한 매튜스 기자의 기사는 미국 내에 있는 쿠바 반군의 존재를 알리는 계기가 됐다. 특히 관타나모 기지에 있던 세 명의 미군 병사가 모험을 하겠다며 반군에 가담하는 일도 생겼다. 그 중에서 두 명은 심한 일교차와 습도, 곤충들의 습격을 견디지 못해 미국으로 돌아갔지만, 한 명은 끝까지 남아 자신의 모험을 펼쳤다.

CBS에서 파견한 제작팀이 '쿠바 밀림의 전사들'이라는 제목의 다큐멘터리를 찍기 위해 그들을 찾아왔다. 정치 수단이 감각적으로 뛰어났던 피델은 그들에게 미국인의 심기를 건드릴 만한 발언은 가능한 한 자제했다. 다큐멘터리를 통해 반군들의 실상이 세상 사람들에게 알려지자, 그동안 쿠바 정부에서 선전했던 대로 게릴라들이 살인자에다 무법자라는 억울한 누명은 온데간데없이 사라지게 되었고 게릴라들에게 적극적으로 호감을 보이는 사람들이 늘어났다.

그러던 어느 날, 진지를 이탈하여 별을 구경하고 있던 체 게바라가 그만 길을 잃는 일이 생겼다. 밤새도록 산속을 헤매다가 아침이 되어서야 겨우 한 농부를 만난 체 게바라는 자신의 신분을 밝히며 도움을 청했다. 농부는 체 게바라를 따스한 미소로 바라보며 게릴라들의 진지를 가르쳐주었다. 그만큼 농부들은 게릴라에게 진심으로 호감을 갖고 있었다.

시에라마에스트라는 점점 해방 전선의 의미를 지니게 되었고 그곳은 나름대로의 질서와 법으로 다스려졌다. 밀고 혐의로 기소된 세 명의 농부는 카밀로가 주관하는 재판을 받았는데, 물건을 훔치고 밀고를 한 나폴레스라는 사람은 그 자리에서 총살형에 처해졌다. 이처럼 게릴라들의 법은 매우 엄격했다.

한번은 체 게바라와 비슷한 체격의 남자가 체 게바라를 사칭하며 다닌 적이 있었다. 유독 젊은 여자들만을 골라 진찰을 핑계로 옷을 벗게 했는데, 그의 사기극은 곧바로 발각되고 말았다. 그는 체 게바라의 이름을 사칭한 죄로 처형되었다. 이 사기극은 체 게바라가 총보다 청진기를 드는 일이 많았기 때문에 벌어진 해프닝이었다.

그도 그럴 수밖에 없었던 것이 산간 지대의 사람들은 비슷한 병을 앓고 있었다. 원치 않는 아기를 가진 여성들, 영양실조로 인해 배만 불룩 튀어나온 아이들. 기생충과 설사 등 비타민 부족에서 생기는 병들이 많았다. 따라서 체 게바라는 청진기를 내려놓는 일이 드물었다. 언제나 비슷한 병으로 고생하는 사람들로 인해 그는 청진기를 내려놓을 틈이 없었다.

어느 날 체 게바라가 진료를 하고 있는데 그 모습이 신기했는지 한 소녀가 줄곧 그를 바라보고 있었다. 소녀는 자기 엄마의 차례가 다가오자 이렇게 말했다.

"엄마, 저 의사 선생님은 지금까지 사람들에게 똑같은 말만 되풀이하고 있어요."

소녀의 말이 틀린 것은 아니었다. 그들 대부분이 비슷한 질병을 앓고 있었기 때문이었다. 여기서 체 게바라가 알아낸 중요한 사실은, 그들이 앓고 있는 병을 고칠 수 있는 사람은 의사가 아니라는 사실이었다. 그는 그들을 고칠 수 있는 것이 일상생활의 개선을 통해 실제적이고 구체적인 변화라고 생각했다. 그리고 그 변화가 자신들의 삶의 일부가 될 때까지 부지런히 살아 움직이는 것이 그들을 근본적으로 치료할 수 있는 일이란 생각이 들었다.

1957년 5월.

게릴라들과 농민들은 드디어 협력관계를 구축했다. 농민

아름다운 혁명가 체 게바라

들은 정부군이 국민들에게 행하고 있는 온갖 만행을 징벌하고 제지할 수 있는 유일한 세력이 게릴라들뿐이라는 것을 받아들였다. 이는 곧 쿠바의 국민들이 자신들의 안전을 게릴라들에게 위탁하게 되었다는 것을 의미하기도 했다.

이러한 분위기 탓인지 고문을 비롯하여 온갖 횡포를 부리던 군인이나 악덕 농장 감독들이 게릴라로부터 징벌을 받으면 농민들은 이를 무척이나 통쾌하게 여겼다. 게릴라들은 전투가 없을 때는 농민들과 함께 농작물 수확을 도왔기에 그들에 대한 소문은 마치 전설처럼 미화되어 곳곳으로 퍼져 나갔다. 권력을 쥐고 있는 독재자를 몰아내기 위해 투쟁하는 전사들과 이제야 겨우 작은 자유를 만끽하게 된 민중들의 자발적인 협조가 있었기에 가능했던 일이었다.

그 무렵 라디오에서는 게릴라들에 대한 또 하나의 소식이 들렸다. 대원들이 출석하지 않은 가운데 정부에 의해 게릴라들이 재판을 받게 된 소식이었다. 당연히 재판에서 게릴라들 모두에게는 유죄 판결이 내려졌다. 그 판결에 대해 유일하게 반대 의견을 내놓은 판사가 있었는데 그가 바로 우루티아 판사였다. 혁명이 성공한 훗날, 그는 그러한 소신 있는 판결을 내린 덕분으로 대통령의 자리까지 올라 직무를 수행했다.

1957년 5월 18일.

게릴라들은 지원군과 더불어 무기가 도착하자 우베로 초소에 대한 공격을 결정했다. 우베로는 투르키노에서 동쪽으로 약 20킬로미터 떨어진 곳에 위치한 곳으로 게릴라들은 약 50명에 이르는 평지에 있는 농민의 지원을 받아 정부군에게 치명적인 타격을 주려고 준비하고 있었다.

"일단 상대할 군대의 숫자부터 파악하자."

"그렇지. 그리고 그들이 사용하는 통신수단과 접근 통로를 알아내는 것도 무척 중요해."

"자, 그곳을 잘 아는 농민을 찾아봐!"

그들이 정신없이 작전을 계획하고 있는 중에 새로운 소식이 도착했다.

"정부군에게 매수된 농민 두 명을 체포하여 다그쳤더니 우리의 위치가 들통 나기 일보 직전이었어요. 매사에 조심해야 할 것 같습니다."

밀고자들이 사전에 붙잡히긴 했어도 절대로 안심할 상황은 아니었다. 또 다른 밀고자가 얼마든지 나타날 수 있는 일이었다. .

아름다운 혁명가 체 게바라

"꾸물거릴 시간이 없다. 어서 떠나자!"

"우선 이 지역 출신인 칼데로가 지리를 잘 알고 있을 테니 앞장서도록 해!"

게릴라들은 인적이 드문 곳을 택했고, 만약을 대비해 지그재그 행군을 강행했다. 당연히 가는 길은 몇 배가 힘들었다. 하지만 목표물인 초소가 사정권 안으로 들어오자 곧바로 마음을 가다듬고 전략을 수립했다.

"먼저 동시다발적으로 군인들을 밖으로 끌어낸다. 이때, 대원들은 군인들이 많이 모여 있는 초소를 집중적으로 공격하라!"

1957년 5월 27일.

게릴라들은 공격 신호가 떨어지기를 기다리고 있었다. 드디어 공격 신호가 내려졌다. 싸움은 세 시간 만에 끝나버렸고 게릴라들이 승리를 거두었지만 피해는 생각보다 처참했다. 열다섯 명의 대원이 생명을 잃었다. 그나마 다행인 것은 민간인이 다치지 않았다는 것이었다. 체 게바라는 대원들 하나하나를 격려했다. 거의 맨몸이나 다름없는 상태에서 적을 무찌른 싸움이었다. 잃은 것이 많은 만큼 얻은 것도 많았다. 그들이 지니고 있던 무기로 우베로 초소를 초토화시킨 것은 기적이나 마찬가지였다.

게릴라들이 그런 기적을 만들어낸 것은 사전에 적의 통신장비를 파괴시키고 산티아고와의 연락을 두절시켜, 적들로부터 기습적 공습을 막을 수 있었기 때문이었다. 게릴라들은 포로들을 곧바로 석방시켰고 그날의 전투 소식은 아바나의 대통령에게까지 순식간에 전달되었다. 전투가 끝나자 체 게바라는 총을 놓고 메스를 집어 들었다. 그는 중년의 또 다른 의사와 함께 여기저기 아무렇게나 뒹굴고 있는 부상자들을 막막한 심정으로 쳐다보았다.

"체 게바라 군, 자네의 책임이 막중하네. 솔직히 나는 이런 상황이 매우 겁난다네."

머리가 벗겨진 중년의 의사가 이렇게 말하자, 체 게바라는 희미하게 미소를 지었다.

"열심히 해보죠. 적군이든 아군이든 모두들 아픈 사람 아닙니까."

그는 팔을 걷어붙이고 적군과 아군을 가리지 않고 온몸이 만신창이가 된 부상자들의 상처를 치료했다. 수십 명의 부상자들이 그의 손길을 간절히 기다리고 있었다. 그러나 부상 정도가 너무 심해 안전한 곳으로 옮길 수 없었던 동료 대원인 레알과 시예로스는 그 자리에 그냥 두고 가는 수밖에 없었다. 자신들이 풀어준 적군들이 한 가닥의 양심으로 자신의 동료 대원들을 돌봐주기를 간절히 원했다. 하지만 체 게바라는 오히려 적들이 그들을 죽일 수도 있다는 생각에 차마 작별 인사를 할 수가 없었다.

"레알, 시예로스, 꼭 살아 있어야 한다. 우리는 반드시 승리할 거야."

체 게바라가 이렇게 다짐을 하고 떠났지만 시예로스는 결국 세상을 떠났고, 레알은 살았지만 정부군에 의해 핀스 섬의 감옥에 수감되고 말았다.

6월 한 달 동안 체 게바라는 부상자들을 치료하고 그들의 상처 부위가 제대로 아물게 하기 위해 몹시 분주했다. 천식이라는 고통이 다가와 그를 괴롭힐 때마다 그는 더욱 이를 악물고 가쁜 호흡을 몰아쉬며 자신의 업무에 최선을 다했다.

시간이 지나면서 좀처럼 회복될 기미를 보이지 않는 대원들은 평지로 내려 보냈다. 대원들은 이제 10명밖에 남아 있지 않았다. 체 게바라는 그들을 이끌고 부대의 역사에서 아주 중요한 장소가 될 라메사라 불리는 부에이아리바 지역에 도착했다.

그곳에서 이폴리토 토레스 게바라라는 농부를 만난 체

게바라는 그가 게릴라들에 대해 어떤 생각을 갖고 있는지 의중을 파악하기 위해 노력했다. 체 게바라는 한동안 농부를 뚫어지게 쳐다보았다. 그러자 농부는 체 게바라의 눈빛에서 진실을 읽었는지 적의가 없는 얼굴로 먼저 말문을 열었다.

"여기를 집처럼 생각해도 좋습니다."

게릴라에게 자신의 집을 내준 농부의 마음은 진심이었다. 그는 체 게바라를 무척이나 신뢰했기에 진심 어린 마음을 허락했다.

폴로라는 애칭으로 불렸던 이폴리토는 얼마 지나지 않아 피델 측과 게바라 측의 연결책으로서 막중한 책임을 맡았다. 폴로는 입이 참으로 무거운 사내였다. 전달해야 할 말 이외에 허튼 소리를 하는 법이 없었다. 그렇기 때문에 체 게바라는 물론이고 피델에게도 상당한 신임을 받는 중요한 사람이었다.

폴로의 극진한 대접으로 완전히 기력을 회복한 체 게바라와 그의 대원들은 그의 안내를 받으며 다시 행군을 시작했다. 우베로 공격에서 살아남은 대원들과 바야모에서 온 지원자들까지 가세해 체 게바라의 대원들은 다시 서른 명이나 되었다.

아름다운 혁명가 체 게바라

보급품 운반에 있어서 그를 따를 사람이 없다는 아리스 티데스 게라의 안내를 받아 힐베르토 카포테와 니콜라스라는 전직 군인도 대원에 합류했다. 부상을 당했던 알메이다도 다시 걸을 수 있게 되면서 합류를 할 수 있었다. 그러나 지휘관 역할을 수행하기에는 다소 기동력이 떨어졌기에 모든 대원들은 체 게바라의 지휘를 받아야만 했다.

행군 도중에 라울 카스트로가 에스트라다팔마의 전투에서 심한 부상을 입었다는 소식을 접하자 그렇지 않아도 기다시피 하며 행군하고 있던 대원들의 사기가 가라앉고 말았다. 혁명 지도부와의 그 어떤 연락도, 또한 무기와 경험도 없이 적들에게 포위된 느낌마저 들었다. 그러나 절망의 소식이 정부군에 의해 날조된 소식이었음을 알았을 때는 치를 떠는 분노를 느껴야만 했다. 마음을 추스른 게릴라들은 행군을 계속하기 위한 걸음을 재촉했다.

마침내 그들은 험하고 험한 행군 끝에 라스쿠에바스의 투르키노 산에 있는 팔마모카 지역에 도착했다. 그리고 7월 16일, 마침내 피델 부대와 상봉했다. 인피에르노 강변에 임시 진지를 설치하고 있던 피델은 체 게바라 일행을 보자, 공식적인 지휘관이었던 알메이다를 보며 말했다.

"오, 애썼네. 알메이다. 자네, 정말 대단한 일을 해냈군!"

하지만 알메이다는 몸을 돌려 체 게바라를 바라보며 말
문을 열었다.

"아닙니다. 정말로 애쓴 사람은 바로….."

9

대장 체 게바라

1957년 7월 17일.

지휘본부는 라미노 발데스와 시로 레돈, 그리고 체 게바라를 대위로 진급시켰다. 이로써 체 게바라는 새로 편성된 제2중대의 책임을 맡았다.

며칠 뒤 체 게바라는 스무 살을 갓 넘기고 암살당한 프랑크 파이스의 동생 카를로스를 위한 애도문을 작성했다. 그리고 대원들의 계급에 따라 그 애도문 위에 서명을 받았다. 체 게바라가 두 번째 서열에 서명을 하려는데 갑자기 피델이 펜을 쥔 그의 팔을 잡았다.

"체 게바라, 그곳에 대장이라고 쓰게!"

"네?!"

체 게바라는 어안이 벙벙했지만 시키는 대로 했다. 그런 피델의 암시를 통해 제4대대라고 불릴 반군의 두 번째 대장 반열에 올랐다. 아르헨티나 출신의 외국인이었던 그는 피델의 동생인 라울이나 알메이다 그리고 몬카다에 앞서서 대장에 올랐다. 피델은 그의 진급식을 위해 손재주가 뛰어난 무기 제작자 오리스 잘디바르에게 부탁하여 계급장을 만들었다. 물론 오리스는 그 계급장을 누가 달 것인지 알지 못했고 단지 피델의 특별한 부탁이니 만큼 정성스럽게 만들었다.

피델은 오래전부터 마음속으로 체 게바라를 대장으로 점찍어 두고 있었다. 쿠바 혁명의 아버지인 호세 마르티의 계급장과 같은 모양인 작은 계급장이 체 게바라에게 주어졌다. 계급장을 베레모에서 자랑스럽게 빛나는 별이 됐고, 별은 체 게바라의 상징이었다.

사람이라면 누구를 막론하고 내재되어 있는 자신감이 있다. 그리고 그 자신감이 적합한 때를 만났을 때 최고점을 이루어 완전함을 드러낼 수 있다는 사실을 체 게바라는 비로소 터득할 수 있었다. 천식으로 인해 자신이 누구보다 군 생활에 적합지 못한 인물이라고 생각하며 여러

번의 좌절을 겪었던 그가, 대장이 되면서 스스로에 대해
더욱 강한 자부심을 갖게 되었음은 두말할 나위가 없었다.

대장이 된 체 게바라는 소속 부대의 기지를 엘옴브리토
로 옮겼다. 그런 다음 악명 높은 산체스 모스케라를 포위
하겠다는 계획을 세웠다. 하지만 산체스는 이미 그 지역을
떠나고 없는 상태였다.

체 게바라는 인구 수십만 명의 도시인 바야모로부터 30
킬로미터 정도 떨어진 부에이시토 군사기지를 새로운 목
표로 삼고 대원들과 함께 전략을 구상했다. 체 게바라의
부대는 기습을 노리고 부에이시토 군사기지를 공격하기
에 이르렀다. 그러나 제대로 된 훈련을 받지 못한 대원들
은 기본적인 명령 수칙조차 지키지 못하고 허둥대기 시작
했다. 다행스럽게도 마노엘 대원이 마을 어귀에 있던 전봇
대에 올라가 전화선을 끊어 경보장치는 작동을 멈췄다. 감
시초소 뒷문으로 진입한 게릴라들로 인해 싸움의 승패는
쉽게 결정되었다. 게릴라들은 30구경 두 정을 비롯해 많
은 무기들을 손에 넣었다. 다시 엘옴브리토 진지로 돌아온
체 게바라는 식량 확보를 위해 백방으로 노력하는 한편,
대원들의 교육을 게을리하지 않았다.

8월 말경 어느 농부는 정부군 군대가 게릴라군 진지를 초토화시키려 온다는 전갈을 전했다.

"일단 이 정보에 대한 진위 여부를 따져보게."

명령을 내린 체 게바라는 만약을 대비해 어떻게 해야 할 것인지 나름대로 분석하고 있었다.

"대장님, 확실한 정보 같습니다. 서둘러야 할 것 같습니다."

"좋아. 대원들 모두를 집결시키도록 하게."

날이 저물자, 체 게바라 부대의 대원들은 모두 집결했고 체 게바라 대장의 작전에 귀를 기울였다.

"먼저 랄로 분대는 양쪽 측면을 공격하여 놈들을 꼼짝 못하게 하는 임무를 맡는다. 발데스는 서쪽을 맡아 놈들로 하여금 공포감을 심어주고 그들이 지나갈 길에는 랄로가 미리 매복한다. 시로는 경사진 사면에서 적들을 공격하도록 하라. 나는 공격 신호를 내리도록 하겠다."

체 게바라는 전투의 상황을 일일이 분석하여 알려준 다음, 퇴각 시 지원사격을 담당할 팀까지 미리 정해두었다. 드디어 공격을 알리는 체 게바라의 신호가 떨어지자, 대원들은 맡은 임무대로 일제히 공격을 시작했다. 바티스타 군대 역시 매우 저돌적이었다. 그들은 포를 쏘아대기 시작했는데, 게릴라들에게는 그것에 대응할 무기가 없었다. 이때, 발데스와 파르도 그리고 호엘 이글레시아스가 구식 나팔총을 난사하며 전진했고 그 소리는 적들에게 공포심을 심어주기에 충분했다.

그러나 상황은 여전히 불리했다. 체 게바라는 측면 분대부터 퇴각하라는 명령을 내릴 수밖에 없었다. 퇴각을 하던 대원들은 피델이 보낸 대원들을 만날 수 있었다. 이는 체 게바라가 전투에 앞서 불리한 상대를 만나게 되었다며 미리 연락했기에 가능했던 일이다.

그들이 전투 지역으로부터 조금 떨어진 곳에서 정부군을 지켜보고 있는 사이, 바티스타 군대들은 마치 복수라도 하듯 레이바 대원의 사체에 불을 질렀다. 멀리서 그 장면을 보며 총 한 번 제대로 쏠 수 없었던 체 게바라는 가슴이 부글부글 끓어오르는 것 같았다.

체 게바라의 부대는 규율과 훈련이 부족했다. 상대적으로 무기 또한 형편없었다. 사정거리 안에 들어와도 총으로 적들을 쏘아 맞추지 못했다. 체 게바라는 이에 주저앉지 않고 대원들의 사기를 북돋았다.

"중요한 것은 우리가 매우 형편없는 무기로 최첨단의 장비에 맞서 싸웠다는 것이다."

피델은 그 전투의 결과를 부풀려 자신들을 홍보하는 수단으로 이용했다. 그러한 게릴라들의 부풀려진 이야기는 빠르게 세상 속으로 퍼져 나갔다.

체 게바라의 부대는 점점 피노델아구아로 접근했다. 요소요소에 농민들을 배치해두고 언제 느닷없이 나타날지도 모르는 적의 공격에 대비하여 부하들과 일정한 간격을 두고 작전을 시행했다. 정부군이 지날 것이라는 정보를 포착한 후에는 감시병을 주변에 매복시켜 놓았다.

"놈들이 나타났습니다!"

"좋아. 일단 앞에 오는 차량들을 고립시켜 길을 막은 후, 적들이 근처로 뿔뿔이 흩어지기 전에 차량에 동시다발로 사격을 시작한다."

실로 타이밍이 절묘해야만 성공할 수 있는 계획이었다. 긴박한 기운이 감도는 가운데 체 게바라의 명령이 내려지자 대원들은 각자 자리를 잡았다. 하지만 느닷없는 폭우가 쏟아지면서 한 치 앞도 가늠하기 어려운 상황이 되고 말았다. 어렵기로는 적들도 마찬가지였다. 적들은 웅덩이에 빠지지 않을 궁리를 하느라 모두들 우왕좌왕했다. 대원들은 정신을 가다듬고 트럭을 향해 사격을 가했지만, 그 어느 누구도 목표물을 명중시키지 못했다. 정부군은 게릴라들이 쏘는 총알과 물을 피해 트럭에서 뛰쳐나와서 숨을 곳을 찾아 사방팔방으로 흩어지고 말았다.

결국 게릴라들은 싸움도 하지 않고 적들로부터 많은 첨단 무기들과 이전에 포로로 잡혀 있던 대원들까지 구해낼 수 있었다.

그들은 전리품을 공평하게 배분했다. 체 게바라는 공평함에 대해 강한 집착을 보였다. 그는 대장이면서도 늘 꽁초를 피워 물었고 커피 한 잔이라도 다른 대원들보다 조금이라도 더 마시는 일이 없도록 그 양까지 제한했다.

어느 날, 세 사람의 농민이 게릴라가 되기를 원해서 그들이 있는 진지를 찾아왔다.

"글을 쓰고 읽을 줄 압니까?"

체 게바라는 자신들을 찾아온 세 사람의 농민들을 향해 질문을 던졌다. 그들 중에서 두 사람은 고개를 끄덕이는 것으로 대답을 대신 했고 나머지 한 사람은 글을 모른다고 대답했다. 어쨌든 그들은 게릴라로 받아들여졌는데, 얼마 지나지 않아 그들 중의 두 사람이 징계위원회에 회부되는 일이 생겼다. 한 사람은 경계근무 중에 잠을 잤고 다른 한 사람은 총에 기름칠을 하지 않았기 때문이다.

"무기를 소홀히 다룬 사람은 나흘 동안 참호 파는 일을 시키도록 하고, 경계근무 중에 잠을 잔 사람은 사흘 동안 노역을 시키도록 하라."

체 게바라의 판결에 글을 읽고 쓸 줄 알았던 농부가 억울하다는 표정으로 물었다.

"왜 저에게는 더 힘든 벌을 내리시는 겁니까?"

"그 이유는 바로 글을 모르기 때문이다."

체 게바라는 아는 것이 얼마나 중요하고, 그만큼 책임이 뒤따라야 한다는 사실을 현실로 깨우쳐주었다.

밤이 되면 체 게바라는 대원들을 모아놓고 기본적인 교육은 물론이고 전투의 깊은 의미를 자세히 가르쳤다. 또한 엘옴브리토 진지에 무료 진료소를 세우는 한편 소규모이기는 하지만 무기 공장도 세웠다. 뒤이어 빵 공장, 구두와 가방 공장까지 세워서 그 지역을 하나의 산업 지역으로 차츰차츰 탈바꿈시켰다. 그들이 그곳에서 만든 군모는 나중에 도시의 버스 운전기사들이 헬멧으로 착용할 정도로 매우 유용하게 쓰였다.

한편 체 게바라가 문을 연 정치학 교실은 장소가 비좁은 데다가 너무 외딴 곳에 위치하고 있어 대원들의 새로운 요구에 부응하기 어려웠다. 그리하여 체 게바라는 학

교를 가까운 곳에 옮기고 혁명의 기운을 상승시킬 지식을 계속해서 강의하기로 결정을 내렸다.

"전투는 그저 빙산의 일각일 뿐이다. 중요한 것은 우리가 행하는 것과 왜 우리가 그렇게 행해야 하는지를 깨달아야 한다는 것에 있다!"

그는 늘 대원들에게 이 부분을 강조했다. 전쟁은 어쩔 수 없어서 하는 것이 아닌 꼭 해야 하기 때문에 하는 것이라는 것을….

그 해 10월, 두 명의 대학생이 아바나로부터 좋지 않은 소식을 가지고 엘옴브리토 진지를 찾아왔다. 바티스타가 마에스트라 지역에 대한 대규모 소탕작전을 계획하고 있다는 소식이었다. 이때, 체 게바라가 큰 관심을 갖은 것은 그들이 가지고 온 소식보다는 그들이 지닌 능력에 있었다. 한 사람은 엔지니어였고 다른 한 사람은 수의사가 될 예정이었다.

"이곳에 수력발전소를 세우고 싶소. 어때요? 지금 당장 내가 보아둔 장소로 가봅시다."

이처럼 체 게바라는 언제나 깨어 있는 삶을 위해 주어진 시간들을 소중하게 사용했다. 전투를 하는 순간에도 휴식을 취할 때도 언제나 무엇을 어떻게 할 것인지에 대해 생각을 하며 지냈다.

쿠바 혁명에 있어 게릴라들의 구성원은 대부분 농민들이었다. 막연한 환상을 가지고 또는 이해관계에 의해 게릴라에 참여했던 농민들은 짧은 시간 내에 받은 교육 이외엔 전투에 대한 지식이 전혀 없었기에 실전에서 총을 제대로 쏘지 못하는 경우도 있었다. 이에 대해 체 게바라는 좌절하지 않고 낮과 밤을 가리지 않으며 꾸준하게 그들을 교육했다. 자신이 무엇 때문에 그런 삶을 택한 것인지를 가슴에 품지 않았다면 불가능했을 삶이었다. 언제나 그가 생각한 것은 인간에 대한 존엄성에 관한 것이었다.

10

사회의 개혁자

게릴라들이 아구아레베스를 지나 산체스의 부대를 추적하고 있던 때는 벌써 1957년이 끝으로 물러난 때였다. 악명 높은 산체스는 자신이 지나간 길에는 어김없이 시체를 남기고 그 일대를 완전히 불살라 버리는 일을 자행했다. 그의 뒤를 밟아보니 카밀로 부대가 머물고 있는 시에라의 두세 봉우리 중 하나로 올라가려는 게 분명했다. 카밀로는 서둘러 자신의 전위 부대인 12명을 이끌고 산체스 부대와 맞설 준비를 갖추었고, 적은 숫자임에도 불구하고 1백 명이 넘는 정규군과 맞서기 위해 대원들을 세 그룹으로 나누었다.

그때 체 게바라의 임무는 산체스를 뒤에서 공격하여 카밀로를 도와주는 것이었다. 게릴라들은 정부군을 가까이에서 추적하고 있었기에 그들의 고함소리까지 들을 수 있었지만 그들의 숫자가 정확히 얼마나 되는지는 알 수 없었다.

게릴라들이 힘겹게 산허리를 지나고 있는 데 태어난 지 얼마 되지 않은 강아지가 그들을 졸졸 따라왔다. 대원들은 강아지가 따라오지 못하게 하려고 험상궂은 표정을 지어 보이기도 했지만 아무런 소용이 없었다.

사실 시에라에서 흔적을 남기지 않고 산허리를 타고 전진한다는 것은 여간 힘겨운 일이 아니었다. 게다가 그들은 적을 뒤쫓고 있는 상황이었기에 숨소리조차 죽여야 할 판이었다. 게릴라들이 그런 지독한 정적 속을 더듬고 있을 무렵, 이 무거운 정적을 깨는 소리가 들렸다. 강아지가 심하게 보채기 시작했던 것이다.

"깨갱, 깨갱…."

게릴라들 뒤에 처져 있던 강아지가 더 이상 따라오기 힘들었던지 도움을 요청하는 듯했다. 그들 중 동작이 민첩한 누군가가 서둘러 강아지를 들어 품에 안자 강아지의 보챔이 그쳤다. 그와 함께 게릴라들은 안도의 한숨을 내쉬고 다시 전진했다. 시냇가가 있는 곳에 접어들어서야 게릴라들은 겨우 숨을 돌렸다. 그때 또 다시 강아지가 심하게 보채기 시작했다.

"안 되겠군. 펠릭스! 저 강아지가 더 이상 짖지 못하도록 해야 할 것 같군."

"네?"

펠릭스는 어안이 벙벙한 표정으로 명령을 내린 체 게바라를 바라보았다.

"지금 우리는 숨소리조차 죽여야만 하는 매우 위급한 상황이다. 다시는 저 강아지가 짖지 않도록 하란 말이다."

펠릭스는 잠시 안절부절못하며 강아지를 안고 서 있다가 느릿느릿한 동작으로 밧줄을 꺼내 강아지의 목을 졸랐다. 강아지는 가는 신음소리를 끝으로 죽음을 맞았고, 대원들은 누구 하나 그 일에 대해 언급하지 않았다.

잠시 후, 그들은 총소리를 들었다. 카밀로 부대가 작전을 개시한 모양이었다. 그들은 전투태세를 갖추고 상황을 주시하고 있었지만, 총소리는 더 이상 들리지 않았다. 그때 앞서 올라갔던 정탐병이 돌아와 보고했다.

"저 위쪽에 새로 생긴 무덤으로 보이는 것이 있어서 파보았더니 군인의 시체가 있었습니다."

사회의 개혁자

정확한 상황은 알 수 없었지만, 정부군의 내부에서 싸움이 있었고 사망자와 희생자가 있었을 것이란 추측을 할 수 있었다.

동물적인 감각으로 한밤중에 갑자기 잠에서 깨어난 체 게바라는 정보원을 찾았고, 한 농부로부터 정부군이 가까운 곳에서 야영하고 있다는 보고를 받았다. 실제로 산체스는 1백여 명의 정부군을 데리고 엘옴브리토를 향해 진군하고 있었다. 체 게바라는 즉시 지원군을 요청했고 카밀로가 때맞춰 합세했다. 그들은 우선적으로 매복을 하고 있다가 체 게바라가 일단 첫 번째 적군을 쓰러뜨리고 나면 나머지 대원들이 그 뒤를 책임진다는 전략을 세웠다. 하지만 적군들은 체 게바라가 매복하고 있던 곳보다 훨씬 높은 곳에서 모습을 드러내기 시작했고 체 게바라는 매복 장소에서 그들을 향해 총을 쏠 수가 없었다. 무리인 줄 알면서 방아쇠를 당겨보기는 했지만 모두 목표를 빗나가고 말았다.

전투는 치열하게 벌어졌고 무기가 변변치 못했던 게릴라들은 결국 함께 배를 타고 왔던 용감한 전사 레돈도를 잃고 말았다. 체 게바라도 발뒤꿈치에 총상을 입었다. 카밀로가 측면에서 공격을 하는 사이, 체 게바라는 발을 질질 끌며 그곳을 간신히 빠져나왔다. 하지만 엘옴브리토 진지는 산체스의 공격에서 표적이 되었다.

✦

그 무렵 과묵한 피델마저도 펄쩍 뛸 정도의 놀랄 만한 소식이 미국의 마이애미로부터 전해졌다. 바티스타 독재를 반대하던 쿠바전선 연합이 자유연맹을 구성하자는 정부의 합의문에 서명했다는 소식이었다. 이에 대해 게릴라군 총사령관인 피델 카스트로는 다음과 같이 비장한 각오를 다졌다.

"우리는 승리 아니면 죽음밖에 선택의 여지가 없다. 우리는 단 열 두 명밖에 남지 않았을 때에도 전투를 치렀다…. 고결한 죽음보다 더 가치 있는 것은 그 어떤 것도 없다."

뭔가 결심을 한 피델이 체 게바라를 불렀다.

"체 게바라, 이제 우리는 노동조합의 지원을 받아내는 일밖에 달리 방법이 없네. 머지않아 도시 전역에서 총파업이 시작될 걸세. 자네가 혁명 신문을 만들어주었으면 하는데…."

"누구와 함께 만들어야 합니까?"

"자네는 지금까지 학교도 만들었고 시에라 지역에 병원도 만들었지 않나. 그런 자네가 몰라서 묻는 것인가?"

결국 체 게바라는 한 오두막에서 낡은 타자기를 두들기기 시작했다. 그러고는 그것을 등사기로 밀어 지하 혁명 신문을 만들 수 있었다. 그 신문은 곧바로 아바나까지 전달되었고 이를 본 바티스타와 비밀경찰들의 분노는 극으로 치달았다. 피델은 여기에 그치지 않고 쿠바 국내는 물론이고 라틴아메리카 국가와 심지어 미국 내에서도 자신을 지지하는 세력들이 있다고 강조하는 성명서를 찍어내기 시작했다.

그 당시 미국은 게릴라와 정부군의 양편을 저울질하고 있었다. 미국은 무기구입 약속을 받아내는 조건으로 바티스타를 갖고 놀았다. 하지만 다른 한편으로는 CIA를 통해 게릴라군에게 모종의 지원을 하고 있었다. 피델로서는 사태를 더욱 더 급박하게 만들어 미국의 지원을 더 많이 끌어내는 것이 급선무였다.

피델이 정치적 공세를 펴고 있는 동안, 엘옴브리토에 도착한 산체스는 그 진지를 완전히 초토화시켰다. 그가 그렇게 광란의 축제를 벌일 때 체 게바라는 이미 라메사로 진지를 옮겼다.

"게릴라전은 독재자에 대항하는 전체 민중의 처절한 대항이다. 그리고 게릴라는 민중 군대의 전위에 지나지 않는다. 일반 민중이야말로 게릴라전의 근본이며 본질이 된다."

체 게바라는 자신을 세계 속의 한 시민으로 생각하고 있었으며, 투쟁을 위해 싸우고 다른 사람들의 투쟁을 격려하는 것은 세계 속의 한 시민인 자신이 감당해야 할 몫이자 임무라고 생각했다. 그의 그러한 마음은 있는 그대로 사람들에게 전달되었고 시에라는 점점 농민들의 지지기반 속에서 아바나에 버금가는 주요지가 되었다. 특히 1958년 1월, 안토니오 릴리브르라는 법률가가 시에라에 정착하면서 법률적 여건을 갖춘 자치 지역으로 자리매김하기 시작했다. 간혹 산체스의 도전으로 시에라는 타격을 입기도 했지만 예전에 맛볼 수 없던 평화를 누리고 있었다.

체 게바라의 부대는 라메사로 진지를 옮기면서 우선적인 공격 대상을 선택했다. 15킬로미터 정도 떨어진 피노델아구아가 바로 그 목표물이었다. 공격을 위해 체 게바라는 무기를 최종 점검했고 사용이 가능한 무기들을 모두 동원하기로 계획을 세웠다.

사회의 개혁자

1958년 2월 초로 접어들면서 공격 준비와 함께 적군에 대한 탐색이 시작됐다. 피노델아구아는 다른 군사기지와 달리 각종 참호와 방어벽이 겹겹이 둘러쳐진 곳이었고 더구나 가까운 곳에 산체스 부대와 해군 부대가 주둔하고 있었다. 이러한 조건에서 적을 공격한다는 것은 섶을 지고 불구덩이로 뛰어드는 셈이었다. 하지만 작전의 총지휘관인 피델 카스트로는 주저하지 않고 공격을 주도했다.

2월 16일이 되자 드디어 체 게바라를 비롯해 라울, 알메이다, 카밀로 등이 각각 자리를 배치 받음과 동시에 전투가 시작됐다. 최전방에 선 카밀로는 무기를 탈취하기 위해 기지 내로 들어갔다. 그러나 그는 적군에게 총상을 입고 간신히 탈출하는 신세가 되었다. 라울의 부대 또한 바티스타군에 매수된 농민들의 배신으로 싸울 기회조차 없었다. 체 게바라의 부대가 전투에 나서려고 하는데, 전령이 피델 사령관의 명령서를 가져왔다.

"각별히 조심하게. 이는 상관의 명령일세. 자네가 전투에 직접 끼어들지는 말게. 대원들을 지휘하는 역할만 수행하라는 것일세. 거듭 말하지만 이는 상관의 명령일세."

상관의 명령서를 받아든 체 게바라는 깊은 갈등에 휩싸이지 않을 수 없었다. 그렇다고 누구보다 규율을 엄격히

아름다운 혁명가 체 게바라

취급했던 체 게바라의 처지에서 총사령관의 명령을 무시할 수도 없는 일이었다. 싸움은 꽤나 길게 치러졌고 시간이 흐르면서 게릴라들의 피해가 커졌다. 하지만 그보다는 정부군의 피해가 막심했다. 정부군에는 20여 명의 전사자가 생겼고 많은 무기도 게릴라들에게 빼앗겼다.

게릴라들은 라메사 진지에서의 생활이 웬만큼 틀이 잡혀가자 낮에는 훈련을 받고 밤에는 군사학교에서 교육을 받았다. 체 게바라는 인간에 대한 최선의 존중과 신념으로 적합한 혁명가들을 배출시키기 위한 노력을 아끼지 않았다. 그뿐만 아니라 혁명가를 꿈꾸며 일행에 합류하는 새로운 대원들에게 이런 말을 하곤 했다.

"배우고 깨우치려 하지 않는 사람은 자신이 왜 총을 잡는지도 알지 못한다."

대원들은 그저 단순히 부패한 적을 없애기 위해 게릴라에 합류한 자신들에게 열정으로 최선을 다하여 글을 가르치는 체 게바라에게 놀라지 않을 수 없었다. 실제로 체 게바라는 하릴없이 빈둥거리는 대원들을 그냥 내버려두지 않았다. 카드놀이를 하거나 라디오에서 흘러나오는 음악을 듣고 있는 대원에게는 심한 꾸지람도 서슴지 않았다.

담배를 피우고자 자신에게 부탁을 하는 대원에게 '담배를 달라'는 말을 글로 쓸 수 있으면 담배를 주겠다는 답을 할 정도로 교육에 대한 체 게바라의 열정은 대단했다. 날이 어두워지면 게릴라들은 체 게바라의 주변에 모여들어 그의 말에 귀 기울였다.

"게릴라는 사회의 개혁자다. 힘없는 이웃과 빈곤으로 내몰고 있는 정권을 몰아내기 위해 싸운다."

또한 그는 토지개혁에 대한 자신의 변함없는 신념을 밝혔다.

"지금 우리들은 적극적이고 구체적으로 토지개혁에 대한 입장을 제시하지 못하지만 궁극에 가서는 토지를 소유하지 못한 농민이 단 한 사람도 없게 할 뿐만 아니라, 놀고 있는 경작지를 없애는 법을 정하게 될 것이다."

체 게바라의 말을 들은 농민들은 감격했고 또 그의 말을 의심 없이 믿었다.

★

체 게바라는 그들이 쳐부수어야 할 바티스타 정부에 대해 다방면으로 조사를 벌였다. 미국의 힘 있는 대기업이 쿠바 니켈광산의 90%를 장악하고 있을 뿐만 아니라, 공공

서비스와 관계된 것도 거의 모조리 장악하고 있었다. 또한 철도의 절반을 넘게 소유하고 있다는 사실도 알아냈다. 여기에 영국인들이 소유하고 있는 것을 합친다면 석유 산업의 대부분과 대형 농장의 대부분은 외국 세력의 손에 들어가 있는 셈이었다.

그러한 현실에 대해 누구보다 뼈저리게 통탄하고 있던 피델 카스트로는 가능한 한 모든 방법을 동원하여 자신들의 힘을 증명해야 할 필요성을 느꼈다. 그리하여 라디오 방송을 통해 납세거부 운동을 전개하고 라울과 알메이다를 시켜 오리엔트 지방을 공격하도록 명령했다.

그 와중에 무엇보다 감격스러웠던 일은 피델의 어린 시절 절친한 친구이자 몬카다의 동지였던 페드로 미레가 첨단 자동화기기인 박격포탄 50구경 기관총과 포탄 8만 개 등을 실은 C-46기를 몰고 코스타리카로부터 날아온 일이었다. 그 비행기에는 파우스티노 페레스가 함께 타고 있었는데, 그가 피델을 찾아온 이유는 전국적으로 대대적인 규모의 총파업이라는 피델의 생각을 실제로 조직화하기 위해서였다.

1958년 3월 8일.

아름다운 혁명가 체 게바라

산티아고 근처의 산루이스 농장 출신인 리에고와 이사벨이 리디아와 함께 트럭에서 내렸다. 그들은 파업 현장에서 사태를 살핀 후, 강행군을 하여 체 게바라 앞에 달려오게 된 것이다. 그들은 몹시 지쳐 있었다.

"파업의 전망은 어떠할 것 같은가?"

지쳐 있는 두 사람을 보며 체 게바라가 조용히 입을 열었다. 순간 리디아는 체 게바라의 예사롭지 않은 눈빛 속에 흐르는 희망을 읽을 수 있었다. 그것은 곧 온 국민이 파업에 동참해 자신들이 바라는 것을 얻을 수 있다는 확신의 눈빛이었던 것이다.

그러나 체 게바라의 희망이자 온 국민의 염원이었던 파업은 일반 노동자들과 지도부 간의 연결이 잘 이루어지지 않아 결국 실패로 돌아갔다. 그리고 많은 지지자들의 목숨을 앗아가는 결과를 가져왔다. 또한 파업의 실패는 체 게바라를 비롯해 많은 사람들에게 더욱 더 손에 무기를 들고 저항하게 하는 명분을 심어주었다.

★

4월로 접어들면서 체 게바라의 대원들은 그 수가 현저하게 줄어들었다. 그 사실을 어떠한 경로로 알게 되었는지 산체스 또한 게릴라들이 머물던 한 농장을 기습했다. 체 게바라는 무작정 싸움이 벌어지고 있는 곳을 향해 내달렸다. 머릿속은 온통 이번 기회에 기필코 그들과 사생결단을 내려야겠다는 생각으로 가득 차 있었다. 뒤로 물러날 수가 없었다. 그의 대원들이 바로 자신의 뒤에서 적들과 전투를 벌이고 있었기 때문이었다.

"맙소사!"

그가 재빨리 바위 뒤로 몸을 숨기고 갖고 있던 총을 들어 적을 향해 방아쇠를 당겼지만 어인 일인지 총이 작동하지 않았다. 초조함 때문인지 숨소리도 몹시 거칠어졌다. 무슨 수를 써서라도 그곳을 벗어나야만 했다. 그는 바위 뒤에서 몸을 일으켜 무조건 내달리기 시작했다. 그러다가 땅이 패어 있는 곳을 발견한 그는 몸을 구부려 그곳으로 들어섰고 이제는 죽는 순간까지 싸우는 일만 남았을 뿐이라고 생각했다. 바로 그 순간, 하늘이 도왔는지 총이 작동했다.

게다가 후퇴하던 적군이 놓고 간 총을 집어 들고 있던 젊은 농부 한 명이 눈에 띄었다. 체 게바라는 그에게 가까이 다가가서는 자신이 체 게바라라고 말을 한 후 도움을 청했다. 하지만 젊은 농부는 그런 이름을 들어본 적이 없다는 표정을 지으며 체 게바라를 쳐다보기만 했다. 또 다시 총을 쏠 줄 아는가를 묻는 체 게바라의 물음에도 그는 여전히 대답을 하지 않았다. 다만 큰 움직임 없이 고개를 가로저을 뿐이었다. 체 게바라는 그에게 더욱 가까이 다가가 총 쏘는 방법을 가르쳐주었고 몇 발의 시범과 함께 앞으로 걸음을 옮겼다. 그리고 어느 순간부터 체 게바라는 젊은 농부의 안내를 받으며 무사히 대원들과 합류를 할 수 있었다.

박격포와 탱크로 무장한 정부군의 14개 부대가 게릴라들의 목을 조여온 것은 농장에서의 전투가 있은 지 한 달 정도 지난 때였다. 그동안 충분한 휴식을 취한 것은 아니지만 나름대로 대열을 정비할 수는 있었다. 게릴라들은 혼자서 수십 명을 상대해야 할 상황이었다. 그러나 문제는 이번 싸움이야말로 정부군의 일방적 공격으로 이길 승산이 없었다.

정부군의 출전이 전해지면서 피델과 체 게바라는 그들이 지날 곳곳에 함정을 파놓고 방아쇠를 당길 준비를 했다. 정부군들은 폭격기를 이용해 게릴라들을 향해 대대적으로 폭탄을 투하했고, 이어서 지상군을 침투시켰다. 예상했던 대로 일방적인 공격이 이루어지고 있었다. 그러나 뜻이 있는 곳에 길이 있었던 것처럼 매복하고 있던 카밀로 부대원들이 정부군을 기습하여 그들의 통신장비를 빼앗은 후, 통신을 두절시켜 정부군끼리 싸우도록 유도했다.

정부군의 일방적인 공격에도 불구하고 첫 번째 전투에서 게릴라들은 탱크를 포함하여 수많은 무기들을 정부군에게서 빼앗을 수 있었다. 기적이 일어난 것이나 다름이 없었다. 며칠 후, 또 다시 정부군은 매복하고 있던 게릴라들에 의해 기습당하고, 무장해제를 당했다. 죽기를 각오하고 싸운 전투에서 게릴라들은 최소의 희생을 치르며 값진 승리를 했다.

크고 작은 싸움이 거듭되면서 적십자 의료 캠프는 밀려드는 부상자들로 아우성었지만 아바나의 바티스타 정부는 여전히 게릴라들의 승전보를 외면하고 오히려 왜곡된 보도를 일삼았다. 끝이 없는 싸움이었다. 상황은 정부군이 벌써 이길 상황이었지만 현실은 그 반대였다.

그 해 7월, 정부군이 오히려 게릴라에게 쫓기는 신세로 전락하는 일이 벌어졌다. 악명 높은 산체스 부대가 줄행랑 치는 일이 일어났던 것이었다. 이 소식을 접한 아바나의

아름다운 혁명가 체 게바라

정부 관료들은 좌불안석이었고, 대통령궁의 바티스타 또한 자신의 입지가 흔들리고 있음을 깨달았다.

정부군은 대패를 하고 철수했고 그들에게 있어 게릴라는 좀처럼 잡을 수 없는 유령 같은 존재로 각인됐다. 게릴라들은 싸움을 하던 장소의 지리 형태와 여건을 완벽하게 파악하고 있었고, 서로에게 연락을 취할 때도 마구 고함을 질러대기만 하는 정부군과 달리 매우 주도면밀하고 신중했다. 체 게바라의 교육이 결실을 맺고 있는 듯했다.

"미국에 군사지원을 요청하라!"

1958년 8월, 미군기지와 야테리타스 수로를 게릴라들이 장악하자, 다급해진 바티스타는 미국 대사를 불러 미국에 지원을 요청하기에 이르렀다.

"아니, 바티스타가 미국에 군사지원을 요청했다고? 어리석은 사람 같으니라고!"

소식을 전해들은 피델은 아직도 권력에 미련을 두고 있는 바티스타가 한심스러울 뿐이었다.

"사령관님! 미국이 개입하게 되면 앞으로의 일을 알 수 없지 않겠습니까."

"흠…. 우선 미국에게 빌미를 제공할 수도 있는 야테리타스 수로를 포기하도록 하세. 아쉽기는 하지만, 성조기를 등에 업고 날뛸 바티스타를 보는 것보다는 그 편이 나을 것이야."

"알겠습니다."

게릴라들은 야테리타스 수로를 포기하기로 했다. 이를 계기로 피델 카스트로가 정교한 전략가라는 사실을 전 세계에 입증할 수가 있었다.

11

독재정권의 몰락

"체 게바라 대장을 M7-26 연합군의 대장으로 임명한다. 이 연합군은 전 지역에서 작전을 펼치는 임무를 수행한다."

피델은 동료 대원들과 쿠바 섬에 전면적인 공세를 펼치기로 결정된 날, 체 게바라에게 큰 임무를 주었다. 이때 체 게바라의 나이는 서른 살이었다. 피델로부터 임무를 명령받은 체 게바라는 산티아고, 라스비야스, 피나르델리오를 공격 목표로 세우고 전열을 가다듬었다.

"모든 인원을 데리고 이동할 수는 없다. 그러므로 지금부터 숙달된 대원들로 전열을 정비하겠다."

체 게바라가 주관한 대원 선별과정은 엄격하기 그지없었다. 일단, 몸무게가 지나치게 많이 나가는 대원이 제외되는 것은 어쩔 수 없는 일이었다. 이 과정에서 다리가 가는 반면에 배가 지나치게 많이 튀어나온 한 대원이 출정에서 제외되자 체 게바라를 찾아왔다.

"대장, 저는 전직 의사였습니다. 비록 몸은 출정에 적합하지 못하지만 죽을힘을 다해 싸울 각오는 그 누구 못지않습니다. 제발 총을 들게 해주십시오. 온몸으로 저의 의지를 보여드리겠습니다."

그를 바라보던 체 게바라는 그의 강한 열정에 감동받아 그의 출정을 허락했다. 체 게바라가 이끄는 제8대대 대원들은 시에라의 지맥 위에 있는 히바로 부락까지 이동했다.

그들은 그곳에서 보급품을 싣고 올 비행기를 기다리고 있었는데, 정보가 정부군에게 이미 누설되어 보급품을 받을 겨를도 없이 적의 포탄세례를 받았다.

"전투대형으로 흩어져라!"

게릴라들은 체 게바라의 명령과 함께 신속하게 움직여 적을 향해 공격을 시작했다. 적들도 더 이상은 당하지 않겠다는 것을 결심한 듯 악착같이 포탄을 퍼부었다.

"만약 보급품이 적에게 넘어갈 상황에 이르면 보급품을

불태우도록 하라. 적에게 넘어가느니 차라리 태워 없애는 것이 낫다!"

체 게바라는 만약에 있을 수 있는 최악의 상황에 대비해 이런 명령을 내렸지만, 다행스럽게 보급품을 적들의 손에 넘기지 않고 건네받을 수 있었다. 그러나 그것을 트럭으로 운반하겠다는 당초의 계획은 포기할 수밖에 없었다.

✦

"총동원령이 떨어졌다. 서둘러 출발준비를 하라!"

"하지만 대장, 의복은 물론이고 식량과 연료도…."

"그래도 가야 한다. 내일 아침에는 무슨 일이 있어도 이곳에서 철수하도록 한다!"

"… 지금 플로리다 해안으로부터 태풍이 다가오고 있다는 기상예보가 나왔습니다."

"그보다 더한 것이 올지라도 우린 가야 한단 말이다!"

결국 8월 30일, 체 게바라는 대원들과 함께 그들이 머물던 흔적을 남기지 않고 그곳을 철수했다. 다음날 그들은 매서운 태풍 엘라를 만나 이중고를 겪어야만 했다. 그렇지 않아도 험한 길이었는데 엎친 데 덮친 격으로 태풍 때문에 없어진 길을 걸어가야만 했다. 지칠 대로 지친 대원들과 체 게바라가 카밀로의 전갈을 받은 곳은 비달에서였다. 카밀로가 그들을 기다리고 있다는 내용이었다. 카밀로는 체 게바라와 대원들을 위해 많은 음식을 준비했고 힘들고 지친 그들에게 원기를 불어넣었다.

"다리는 정부군이 장악하고 있다. 그래도 우리는 이 강을 건너야만 한다. 대책을 강구해보자….."

휴식을 취한 체 게바라와 대원들은 예정대로 쿠바에서 가장 넓은 카우토 강을 건너야 했다. 그러나 거센 태풍의 흔적으로 물결은 더욱 매섭게 소용돌이쳤다. 체 게바라가 대원들을 모아 대책을 논의하고 있는데, 한 대원이 그를 부르는 소리가 들렸다.

"대장!"

"무슨 일인가?"

"이 뱃사공이 배를 빌려주겠다고 합니다."

"그래? 자네의 배는 얼마나 큰가? 아니, 한 번에 몇 명씩 탈 수 있는가?"

"여섯 명 정도는 탈 수 있습니다."

"그렇다면… 스물다섯 번은 왕복해야 한다는 계산이 나오는군. 지체하지 말고 여섯 명씩 조를 짜도록 하라. 한 번에 여섯 명씩 저 강을 건너간다!"

체 게바라와 대원들은 여덟 시간에 걸쳐 그 강을 겨우 건널 수 있었다.

　"강을 무사히 건넌 것만으로도 우리는 이미 커다란 승리를 쟁취한 셈이다. 자, 어서 가자!"

　체 게바라는 대원들을 이렇게 격려하며 앞장서서 나아갔다. 태풍 엘라가 지나가고 밝은 햇살이 비치는가 싶더니 또 다시 태풍 피피가 올라온다는 소식이 전해졌다. 그 와중에도 체 게바라는 대원들을 교육시키는 것을 잊지 않았다. 태풍의 이름은 알파벳 순서로 짓는데 태풍 엘라의 'E' 다음에 피피의 'F'가 오는 것이라는 것을 대원들에게 알려 주던 체 게바라는 아무도 모르게 신음 섞인 한숨을 토해 냈다. 'F' 다음 이어질 알파벳의 행렬이 앞으로도 까마득하게 여겨졌기 때문이었다.

　9월 9일 이른 새벽.

　체 게바라의 대원들은 정부군이 잠복해 있는 한 개인농장에 잠입했다. 그런데 대원들 중의 한 명이 외양간 근처에 있던 커다란 물통 뒤로 숨으려다 머리에 총을 맞고 사살됐다. 곧바로 체 게바라의 역습이 이어졌고 이 과정에서 정부군의 지휘관이 죽었다. 그러자 정부군들은 곧바로 항복했다.

게릴라들은 앞으로 한 발짝 전진하기 위해 무수한 신경
전을 벌여야 했던 탓으로 모두들 피곤에 지쳐 있었다. 제
대로 먹지 못하는 것 또한 그들을 지치게 하는 이유가 됐
다. 하지만 그들의 처절한 몸부림은 계속 이어졌다. 인간
의 의지만으로 얼마나 엄청난 기적을 만들어낼 수 있는지
게릴라들은 몸소 보여주고 있었다.

10월 12일 새벽.

드디어 체 게바라의 대원들은 정부군을 보기 좋게 따돌
리고 물샐 틈 없는 감시망을 피해, 가장 익숙한 지형을 이
용해 안전한 장소까지 이동할 수 있었다.

"자, 이 말들은 우리가 기르던 것이라오. 많지는 않지만
요긴하게 쓰도록 하시오."

게릴라들은 잠시 쉬어가던 곳에서 민간인들의 협조로
60여 필이나 되는 말을 기증받기도 했다. 그만큼 그들은
민간인에게 신뢰를 받고 있었다.

"고맙습니다. 저… 혹시 썩어 가는 발을 치료하거나 독
버섯 중독을 치료할 약품이 있으면 좀 부탁드립니다. 헌
옷이나 신발들도 있으면 ….″

"최대한 구하겠습니다."

게릴라들이 쿠바 섬 원정에 오른 지가 두 달이 넘었다. 그동안 게릴라들은 정부군과의 수도 없는 전투를 하면서 깊은 산속이나 또는 큰 강을 건너는 일을 통해 부상 입은 곳이 덧나기도 하고 독이 올라 살이 썩어 가는 일도 있었다. 상황이 상황이니 만큼 상처를 즉시 치료할 수도 없었기에 그들의 고통은 이루 말할 수 없었다. 다행스럽게도 민간인들의 도움으로 체 게바라는 대원들에게 응급처방을 하고는 이틀 밤에 걸쳐 조용히 그곳을 빠져나갔다. 그러고는 바티스타의 중추 요새인 산타클라라 입성의 전초전으로 엘오비스포갑을 공략하기 위해 걸음을 재촉했다.

너무도 힘겹고 어려운 싸움이었다. 눈만 감으면 진흙탕 속에서라도 잠을 잘 수 있을 것처럼 무겁게 다가오는 피로…. 게릴라들은 한 농민이 가져다 준 약간의 음식만으로 허기를 달래고 서둘러 엘오비스포갑으로 올라갔다.

그곳은 라메사보다는 덜 가팔랐지만 지형적으로는 라메사와 흡사했다. 대원들은 아주 익숙하게 올라갔고 20여 킬로미터가 넘는 행군을 마쳤을 때 체 게바라의 명령이 내려졌다.

"목욕을 해도 좋다!"

체 게바라의 한 마디 명령은 힘들고 지친 대원들에게 주는 달콤한 휴식이었다. 물속으로 뛰어든 대원들은 어린 아이가 되기라도 한 듯 물을 뿌려대며 서로에게 장난을 쳤다. 몸을 씻고 난 대원들이 진지를 정돈하고 있을 무렵 서너 명의 농민들이 체 게바라 대장을 직접 보고 싶다며 먹을 것을 가지고 올라왔다. 체 게바라의 인물 됨됨이가 그곳까지 알려졌는지 농민들은 체 게바라가 좋아하는 것까지 알고 준비를 했다. 거기에서 그치지 않고 주변의 농민들과 함께 소와 돼지를 잡아서 가져다 주었다.

"얏호! 이 얼마 만에 맛보는 고기인가!"

대원들은 두 달이 넘는 기간 동안 마흔 번 이상 야영을 해야 했고 겨우 손에 꼽을 정도의 식사를 했을 뿐이었다. 그나마 식사라고 해야 과일이나 옥수수 빵이 전부였다. 그런데 고기를 접하게 되었으니 절로 탄성이 나오지 않을 수 없었다. 대원들은 오랜만에 주린 배를 채우며 즐거운 탄성을 질렀다. 이미 쿠바 섬에 대한 대공세가 성공을 가져올 것이라는 강한 예감을 탄성 속에 실으며….

대원들은 반복되는 행군에 더욱 지쳐갔다. 이를 감지한 체 게바라는 뭔가 조치를 취해야겠다는 생각을 굳히고 있었다. 한 대원이 그를 찾아왔다.

"대장, 뭔가 돌파구를 찾아야 하지 않겠습니까?"

"나도 그런 생각을 하고 있었네."

"차라리 전투를 하는 게 어떻겠습니까? 오히려 자극제가 되지 않을까요?"

"어디를 치란 말인가?"

"제가 살펴보니 기니아데미란다 마을에 설치된 군사기지를 습격하는 것이 좋을 것 같습니다."

"좀 더 세부적으로 얘기해 보게…."

그들은 마침내 기니아데미란다에 있는 정부군의 군사기지를 습격하여 정부군의 보급품을 얻을 수 있었다. 체 게바라는 자신의 전투력이 녹슬지 않았음을 보여주기 위해, 대원들의 사기를 진작시키기 위해 바주카포를 직접 어깨에 메고 적의 군사기지 앞으로 나섰다. 그가 발사한 포탄은 정확하게 군사기지의 벽을 무너뜨리고 정부군의 사기까지 떨어뜨리는 역할을 했다.

체 게바라는 기니아데미란다에서 멀지 않은 엘페드레로라는 곳에 진지를 세웠고 그곳에서 나중에 게릴라들, 즉 반군단체들의 지휘관들을 모아 반군 간의 협정을 이끌어 냈다.

체 게바라가 블론드 머리칼을 지닌 여인, 알레이다 마치를 만난 곳도 바로 그곳이었다. 산타클라라 M7-26 지휘부의 구성원이었던 그녀는 경찰을 피해 그 지방 게릴라에 들어갔다. 체 게바라는 정치학과 혁명을 비롯해서 교육, 변증법 그리고 이제는 자신에게 매료되어 목숨을 걸고 노력하는 알레이다 마치를 보호하기 위해 냉정함을 잃지 않도록 애를 썼다.

혁명은 가속화되고 있었다. 이 시기는 특히 피델에게 있어서 상당히 중요한 시기였다. M7-26 운동 측이 그 해 11월 실시된 대통령 선거를 교란시켜 자신들의 의지를 관철시킨 일이 있었다. 투표율이 피델의 영향이 미치는 지역에서는 10퍼센트 안팎 그리고 전체적으로 30퍼센트 이상을 넘지 않는 일이 일어났다.

"뭐야, 이게! 투표율이 이게 뭐냐 말이야!"

"죄송합니다. 각하!"

"잡아들여! 폭도들을 모조리 잡아들이란 말이야! 언제까지 이렇게 기만당하고 있을 거야!"

"곧바로 공군력을 강화시키겠습니다."

"공군력뿐만 아니라 지상군도 강화시켜서 초토화를 시키란 말이야!"

독재정권의 몰락

유례없이 저조한 투표율이 나오자 바티스타는 최후의 발악을 하며 날뛰었다.

인간에 대한 한없는 신뢰와 미래에 대한 희망을 버리지 않았던 체 게바라는 낮에는 전투를 수행하면서도 밤에는 대원들과 토론하고 교육하는 일을 게을리하지 않았다. 가끔은 지역 기업인들의 식사에 초대받는 일도 있었는데, 그러한 부르주아들과 만나고 돌아오면 그는 언제나 얼굴이 어두웠다.

"지역 발전을 위해 일을 하고 싶어도 돈이 없어서…."

그들은 언제나 똑같은 푸념만을 되풀이했다. 자신들이 치장하고 먹고 있는 모든 것이 부유하고 호화로움에도 불구하고 그들은 언제나 공동의 발전에 대해서는 돈이 없다는 엄살만 늘어놓았다. 체 게바라는 부르주아들의 엄살을 들을 때마다 농민들을 향해 "농지개혁은 우리의 혁명에 있어 최우선이 된다"라며 그들에게 혁명의 확신을 불어넣어 주곤 했다.

피델 카스트로 역시 농지개혁에 대한 자신의 소신과 입장을 공고히 해나갔다. 그는 토지를 두고 "우리가 모든 것에 앞서 우러러보아야 할, 우리를 먹여 살리는 근본"이라며 지주들만 배불리는 노동은 거부해야 한다는 인식을 농부들에게 심어주었다. 그러한 의식이 확산되면 될수록 아바나의 농림부 장관실에는 전화벨이 끝없이 울려 업무 마비를 초래했다.

"소작인들이 납세를 거부하고 있으니 어떤 대책을 세워야 할 것 아닙니까!"

"아니, 이러다가 우린 굶어 죽어요. 그냥 방치하고 있을 거예요!"

바티스타 정권은 밑바닥에서부터 흔들리고 있었다. 그러나 바티스타는 반란군이 절대로 산타클라라를 넘지 못할 것이라며 그야말로 희망 섞인 고집으로 확신하고 있었다. 바티스타의 희망 섞인 고집과는 아무런 상관없이 혁명의 기세는 점점 더 거세졌다.

체 게바라와 비슷한 속도로 전진하던 카밀로 대원들 역시 중부 지역으로 연결되는 라센트랄에 도착했다. 카밀로는 적을 유인한 다음 엉뚱한 곳을 공격하게끔 만든 뒤 지역을 접수하기 위한 작전을 펼쳤다. 작전은 순조롭게 진행됐다. 체 게바라를 만나게 되자 카밀로는 얼굴에 가득 미소를 지으며 체 게바라를 힘차게 포옹했다. 두 사람은 각자 대원들을 이끌고 바티스타군의 진지를 습격했다.

드디어 반군의 대공격 날짜가 12월 20일로 결정되었다. 그러는 중에도 반군들의 소규모 매복과 접전이 산발적으로 이어졌다. 몬카다의 살인마라 불리던 정부군의 파비아노 대령이 병력을 산타클라라 지역에 배치시키면서 내전이 종식될 것이라는 풍문이 돌기도 했지만, 반군들은 여전히 그를 따라다니며 그의 후방을 괴롭혔다.

반군들은 속속 도시를 함락하면서 지방 방송을 통해 대국민선전을 했다. 방송 덕분에 체 게바라는 피델과 편리하게 연락을 주고받을 수 있었다. 한 술 더 떠서 전력을 부풀려 정부군을 교란시키는 선전도구로 방송을 활용했다.

"카밀로, 혹시 화력 좋은 장갑차가 필요하다면 몇 대 가져가게나. 우리는 충분하니까."

체 게바라가 이렇게 허풍을 치면 카밀로 역시 웃으며 맞받아 쳤다.

"좋지. 하지만 그리 서둘지는 말게나. 내가 자네보다 앞서 산타클라라를 접수하고 싶거든."

그러면서 한 마디 덧붙이는 것을 잊지 않았다.

"우리가 갖고 있는 수천 정의 총구가 동시다발적으로 불을 뿜는다면 산타클라라 정도야 일순간 끝장나지 않겠나?"

산타클라라를 공략하기에 앞서 반군들은 불타는 충성심으로 똘똘 뭉친 자살특공대에게 큰 기대를 걸고 있었다. 비록 대여섯 명밖에 되지는 않지만 그들은 다가올 전투에서 매우 중대한 역할을 수행할 것이 틀림없을 터였다.

전투의 칼자루는 피델이 쥐고 있었다. 게릴라들의 사기가 하늘을 찌를 듯했고, 곳곳에서 민간인들이 들고일어나 게릴라들에게 성원을 보냈다. 당시 정부의 고위직 관리 몇 명이 피델 카스트로와 각별한 관계를 유지하며 조심스럽게 연락을 취하고 있었다. 이들은 카스트로가 산티아고 공략을 준비하고 있을 때, 일부 장교들이 군부 내에서 바티스타에게 반기를 든 세력이 있다고 알렸다. 피델 카스트로의 동의를 구했지만 누구보다 군부의 쿠데타를 싫어했던 카스트로는 그것을 거절했다. 그렇다고 군부를 완전히 무시할 수는 없는 일이었다. 만약 군부가 대통령을 포기하겠다는 결정을 내리면 미국의 적극적 개입이 이루어질 것은 불을 보듯 뻔했기 때문이었다.

반군들이 이러한 고민을 하고 있을 때, 정부군 역시 모종의 대책을 세우고 있었다. 한 량에 4백 명이 넘는 군인들을 실어 나를 수 있는 열차를 준비하고 있었던 것이다.

"대장, 정부군의 비밀병기인 열차가 투입되면 상황이 불

아름다운 혁명가 체 게바라

리해질 텐데요."

"그럴지도 모르지. 그 열차 제작에 참여했던 기술자를 찾아오게."

정부군의 비밀병기인 열차 제작에 참여했던 기술자가 오자 체 게바라는 조용히 그에게 질문을 던졌다.

"그 열차는 어떤 구조를 하고 어떤 기능을 가졌는지 말해보게."

"그것은 두 대의 기관차를 앞뒤로 매달고 아바나와 산타클라라를 단번에 왕복할 수 있도록 고안되었습니다."

"흠…."

"때에 따라 열아홉 량의 객차를 매달 수 있고 창문 대신 자동소총을 발사할 수 있는 총구만 뚫려있지요."

"아주 견고하겠군."

"거기다 객차 지붕 위에 사수들이 몸을 숨기고 총을 쏠 수 있도록 되어 있습니다. … 그 열차 정도면 충분히 혁명군을 무찌를 수 있을 것이라고 호언장담하는 정부군의 말을 들은 적이 있습니다."

"그렇군…. 고맙네."

이제 정부군은 비밀병기인 열차에 운명을 걸 수밖에 없었다. 공습도 별다른 효과를 거두지 못하는 데다가 반군에

동조하는 민중들의 숫자가 갈수록 늘어나고 있었기 때문
이었다.

12월 16일 이른 아침.

체 게바라는 페레스 발렌시아 대위에게 항복을 요구하
는 서안을 보냈다. 1백20명의 군사들을 거느린 채 두터운
담으로 바리케이드를 치고 있던 정부군 장교는 겨우 40명
에 지나지 않은 반군들을 얕잡아보고 그 서안에 콧방귀도
뀌지 않았다.

"보르돈, 적의 증원군이 합류할 수 없도록 길을 끊어라.
그리고 나머지 대원들은 각자의 실탄을 점검하라."

"대장, 각자 40여 발의 실탄밖에 남지 않았습니다."

"좋아, 그렇다면 속전속결이다."

그때, 민간인 수십 명이 길을 따라 내려와 반군들 곁을
둘러쌌다.

"우리도 싸우겠습니다."

"고맙소."

체 게바라는 민간인들이 자신들 편에 서고 있다는 기쁨
에 그들의 제안을 받아들였다. 그러나 정부군의 폭격기가
개입을 하면서 사망자가 크게 늘어났고 사망자 대부분은

나중에 합류한 민간인들이었다.

"폭격기가 폭격을 가하러 올 때, 대원들은 그 기회를 이용하라. 만약 그 기회를 살리지 못하면 우리 모두의 사기가 크게 떨어지고 만다."

게릴라 반군은 군사기지에 대한 압박을 강행했고, 이어 자살특공대까지 개입했지만, 정부군과 불과 30여 미터를 사이에 두고 대치상태에 있어서 오히려 정부군의 표적이 될 뿐이었다. 한시 바삐 상황을 매듭지어야 할 급박한 상황이었다.

"기지 안으로 포탄공격을 가하는 것은 어떻습니까?"

"단단한 벽 때문에 큰 기대는 할 수 없을 것이다. 직접 다가서는 수밖에….'

18일 새벽, 반군은 자세를 낮추고 그들 기지로 접근하여 집중적으로 공격했다. 그 결과 정부군 페레스 발렌시아 대위의 항복을 받아내기에 이르렀다. 발렌시아 대위는 사상자는 아랑곳하지 않고 단지 도착될 지원군만 목이 빠져라 기다리고 있었지만 지원군은 오지를 않았다. 그도 그럴 것이 정부군의 작전 지휘자들은 그 군사기지를 사수할 생각이 전혀 없이 단순히 반군들을 이끌어내기 위한 미끼로만 보고 있었다. 기지 안으로 밀고 들어간 체 게바라는 이렇게 소리쳤다.

"부상자들을 치료해줄 의무관들을 있는 대로 찾아라!"

12월 22일, 과요스와 카바이구안이 반군에게 접수된 날.

체 게바라는 과요스의 기지로 들어가다 지붕에서 떨어져 부상을 입었다. 그는 팔에 깁스를 한 채 전투를 진두지휘했다. 새벽녘이 되어서야 기지 안으로 들어간 체 게바라는 적군 장교를 향해 위엄 있는 목소리로 말했다.

"이제부터 모든 명령은 내가 내린다."

그들의 다음 목표는 산티스피리투스였는데, 정부군이 체 게바라의 이름만 들어도 기가 질려 줄행랑을 치는 일이 일어나자 정부군은 '반군들이 도시로 진입하면 도시에 폭탄을 투하하겠다'는 말도 안 되는 위협을 라디오 방송을 이용해 전했다.

"아니, 정부에서 죄 없는 시민들을 향해 폭탄을 투하하겠다는 말인가!"

참으로 어이없는 일이었지만, 그렇다고 전투를 그만둘 수는 없는 노릇이었다. 실제로 정부에서는 자신들의 말이 그저 위협에 그치는 말이 아니라는 것을 보여주기라도 하듯 도시에 폭탄 투하 명령을 내렸다. 명령을 받은 조종사들은 거역할 수 없는 명령 체계에서 심리적으로 심한 갈등을 겪어야만 했다. 출정은 했지만 차마 폭탄을 도시에 떨어뜨릴 수 없던 조종사들은 폭탄을 바다 속으로 떨어뜨렸다.

이런 정부의 위협에 분노한 시민들이 거리로 몰려나와 정부와 관계되어 있는 것은 남김없이 파괴하기 시작했다. 평소에 파괴적인 행동을 싫어했던 체 게바라는 무슨 수를 써서라도 그 사태를 진정시키려 했지만, 이미 혁명의 불길은 거세게 타오르고 있었다.

체 게바라가 이끄는 제8대대가 카바이구안을 접수한 지 채 두 시간이 지나지 않아 통신의 요충지인 플라세타스마저 반군의 손에 들어가자 곳곳에 있는 성당에서 종소리가 일제히 울려 퍼졌다. 수많은 군중들이 쿠바 만세를 외치며 거리로 몰려 나왔다.

신념과 헌신 그리고 승리에 대한 기대감에 가슴이 벅차 잠을 이룰 수가 없었던 체 게바라는 잠깐씩 눈을 붙이는 것이 전부였다. 그리고 누군지도 모르는 사람들이 내미는 음식을 받아먹으며 눈부신 전적을 세울 수 있었던 지난

10여 일의 일을 되새겨보았다.

반군들은 정부군으로부터 초소 열두 곳, 지방수비대와 경찰서, 여덟 군데의 도시와 마을을 비롯해 여섯 곳의 주둔지를 포기하게 하고 8백 명이 넘는 포로와 1천 점 이상의 무기를 빼앗았다. 그럼에도 불구하고 아바나 바티스타 정부에서는 미국의 언론을 의식하여 산타클라라에서 반드시 반군을 쳐부수겠다고 호언장담을 하고 있었다.

아바나에는 벌써부터 반군들이 진격하고 있다는 소문이 파다하게 퍼져 있었다. 게다가 그들이 포로들을 인간적으로 대하며 고문이나 처단은 물론이고 전투 중에 부상당한 대원들조차도 포기하는 일이 없다는 등 반군들에 대한 긍정적인 이야기가 나돌고 있었다.

29일은 전투가 중대한 고비에 이른 날이었다. 물론 무엇보다 중요한 것은 그 무시무시한 비밀병기인 열차를 막는 일이었다.

"일단 철로를 절단하고 정부군의 산타클라라 본부와 비밀병기인 열차 간의 교신을 단절시켜라!"

그 육중한 열차는 반군들에 의해 끊어진 철로 위에서 탈선했고 그 틈을 이용해 반군들이 열차 안으로 화염병을 던져 넣었다. 그러자 그 안에 타고 있던 정부군은 어쩔 수 없이 막대한 군수품을 가지고 반군에게 투항하기에 이르렀다.

그때 자살특공대는 카르멘 공원에서 헤파투라 지방경찰과 대치하고 있었다. 적의 폭격으로부터 피해를 최소화하기 위해 자살특공대는 모두 지그재그로 움직이며 전진했는데, 지휘를 하고 있던 바케리토는 고개를 꼿꼿이 세우고 보란 듯이 전진을 했다.

"이봐, 바케리토! 몸을 더 낮춰!"

다른 대원의 말이 허공으로 흩어지는 순간 포탄이 날아들었고 바케리토는 몸을 던져 그 포탄을 막았다.

"바케리토!"

대원들은 눈물을 삼키며 그의 이름을 불러댔고 피범벅이 된 바케리토는 그 자리에서 즉사하고 말았다. 자살특공대는 갈기갈기 찢어지는 가슴을 끌어안고 눈물을 훔치며 다시 길을 서둘러야만 했다. 잠시 후, 대원들 중의 한 명이 체 게바라에게 다가와 말했다.

"대장, 바케리토의 죽음에 대한 보복으로 방금 잡은 적군의 지휘관 한 명을 사살하도록 해주십시오."

체 게바라는 대원을 향해 천천히 고개를 돌리며 이렇게

말했다.

"자네는 우리가 그들과 똑같다고 생각하는가?"

새해 첫 날, 반군의 산타클라라 접수 작전이 다음 단계
로 접어들었다. 체 게바라는 적어도 1천3백 명 가량의 군
인들이 숨어 있는 것으로 추측되는 레온시오비달에 히메
네스를 보내 항복을 요구했다. 그 즈음 거짓말을 일삼던
바티스타가 산토도밍고로 피신하면서 칸티요 대령에게
군 지휘권을 넘겨주고자 했다. 그러자 칸티요 대령은 이렇
게 말했다.

"군 지휘권을 받을 수 없습니다. 만약 내가 그것을 받는
다면 나는 피델 카스트로의 명령에 따라 군대를 지휘할
수밖에 없을 것입니다."

그 이야기를 전해들은 피델은 소리 내어 웃음을 터트렸
다. 그는 한 번도 칸티요 대령에게 그것을 요구한 적이 없
었기 때문이었다. 어쨌든 산타클라라 최후의 저항 거점에
도달한 체 게바라는 즉각 기지 안으로 들어가 정부군의
책임자인 에르난데스에게 말했다.

"더 이상 시간 끌 것 없소. 항복을 하거나, 아니면 우리
가 밀고 들어가거나. 방법은 그것뿐이오. 도시는 이미 우

리들에 의해 접수가 되었소. 정확히 12시 30분에 아군에게 공격 명령을 내릴 것이오. 우리는 어떠한 대가를 치르더라도 이곳을 접수할 것이지만, 당신들은 피 흘린 역사에 대한 책임을 분명히 면하지 못할 것이오. 만약 당신들이 쿠바에 군대를 파견할 기회만 엿보고 있는 미국을 염두에 두고 있다면 외세와 결탁한 혐의도 벗을 수 없을 것이오."

"좋소. 부하들과 상의해 보겠소. 시간을 잠시 주시오."

그리고 12시 정각에 정부군 제1진이 기지에서 나와 무기를 버리고 게릴라들에게 투항했다. 그러나 끝까지 남아 있던 최후의 저항 세력은 결국 산타클라라에서 게릴라군과 총부리를 겨누어야만 했다.

1959년은 쿠바 혁명에 있어서 영예로운 한 해였다. 북부에서 있었던 전투를 승리로 이끈 뒤, 잠시 다른 부대 대원들과 합류하는 카밀로를 보고 군중들이 열광하자, 체 게바라가 말했다.

"이봐, 카밀로! 이제부터 우리가 무엇을 해야 할지 알 것 같네."

"그게 뭔데?"

"우선은 자네를 우리 속에 가두는 걸세. 그런 다음 우리

를 신고 다니며 전국 각지를 돌아다니는 걸세. 그리고 자
네를 보기 위해 몰려드는 사람들에게 관람료를 받고 자네
를 보여주는 거야. 어때, 큰돈을 벌 수 있지 않겠나?"

"뭐야, 나더러 동물원의 원숭이처럼 구경거리가 되라고!
구경거리로 치자면 자네가 더 좋은 구경거리가 되지 않겠
나!"

카밀로는 다시 수도인 아바나를 거쳐 서쪽에 위치하고
있는 콜롬비아까지 접수했다. 정부군은 이제 저항할 의지
조차 갖지 않았고 정부군의 참모본부를 지휘하던 타베르
니야 장군마저도 일찌감치 달아난 상태였다. 이후로 수도
의 동남쪽에 위치한 마나과 기지에서도 2천 명이 넘는 정
부군들이 투항했고, 다음날에는 공군기지인 로스바노스의
산안토니오에서도 2천 명이 넘는 군인들이 저항하지 않고
반군들에게 손을 들었다.

시민들이 적극적으로 반군을 지원하고 나선 상황에서
정부군들이 설 자리를 잃고 말았다. 이미 독재자 바티스타
도 어디론가 도망치고 없었다. 그는 가까운 사람들은 물론
경호원이나 수행원들도 모르게 오로지 돈과 보석 같은 재
물만을 챙겨서 쿠바를 빠져나갔다.

1월 3일, 마침내 아바나에 입성한 체 게바라는 카밀로

와 감격적인 포옹을 나누었다. 믿을 수 없는 일들을 그들이 이루었다. 최후까지 반군에게 저항했던 세력은 마스페레르 대령이 이끌었던 부대로 고문과 학살을 일삼던 부대였다. 그들은 도시의 민병대 안에 숨어들어 M7-26 소속의 대원들을 괴롭혔던 존재로 그들이 입고 있는 옷만 보아도 사람들이 치를 떨 정도로 악랄했다. 아무리 잔악 무도한 그들일지라도 대통령궁이 반군의 손에 넘어가는 것을 막을 수는 없었다.

체 게바라와 대원들이 죽음을 무릅쓰고 불 속으로 뛰어드는 불나방처럼 작은 배를 타고 쿠바로 들어온 지 25개월 만에 느끼는 자유였다.

아, 자유의 맛은 얼마나 달콤했는가! 1959년 1월 3일부터 쿠바 섬은 자유의 물결로 온통 축제 분위기였다.

12

혁명 정부에서의 활약

혁명이 일어나기 전, 아바나는 공포와 밀고가 성행하고 환락이 판을 치는 타락의 도시였다. 바티스타의 비밀경찰들은 아주 작은 꼬투리를 잡아 마구잡이로 사람들을 체포해 무자비한 고문을 일삼았다. 그 와중에도 카지노와 호텔 사업 등으로 온갖 화려한 사치를 조장하여 미국인 관광객들을 끌어들이고 있었다. 그런 환락과 사치의 이면에는 실업률이 급속히 증가하여 집집마다 실업자가 없는 집이 없을 정도였다.

혁명이 성공한 1959년 1월 초까지만 해도 쿠바 국민들은 여전히 그런 유혹으로부터 벗어날 수 없었다. 게다가 그들에게 자유까지 주어지니 흥청거리지 않을 수 없었다. 그들은 당시 그들이 느끼는 자유가 또 다시 누군가에 의해 억압되리라고는 생각조차 하지 않았다.

체 게바라는 게릴라들에게 둘러싸여 여러 집을 찾아다녔고 각국의 대사관에도 다니느라 눈코 뜰 새가 없었다.

쿠바 국민들은 피델 카스트로를 비롯해 혁명을 주도했던 대원들에게 깊은 감사의 마음을 전했다. 다음 날에 새로 소집된 각료회의는 체 게바라에게 쿠바 시민권을 수여하기로 결정했다. 이 소식을 접한 체 게바라는 이렇게 말했다.

"이 나라가 억압의 굴레로부터 벗어나는데 앞장섰듯, 이 나라에 도움이 된다면 그 어떤 임무도 맡을 준비가 돼 있습니다."

체 게바라는 되도록 쿠바 혁명 정부에서의 활동에 있어 카스트로와 미국의 신경을 건드리지 않기 위해 애를 썼다. 바티스타의 실각을 미국 또한 내심으로 바라던 일이라 여겼기 때문이다.

정부군의 대령이 쓰던 집무실을 넘겨받은 체 게바라는 될 수 있으면 많은 시간을 거리로 나가 사람들과 만났다.

어느 날 그는 군복을 입고 M7-26 완장에 기관총까지 들고 있는 청년을 만났다.

"산토도밍고를 해방시키러 가는 원정대의 대장을 맡으실 예정입니까?"

"어디서 그런 얘기를 들었나?"

"다들 그렇게 얘기하고 있어요. 대장님이 해방자이니까 그건 당연한 얘기 아닌가요?"

"민중을 해방시키는 건 나도 그 누구도 아닌 오로지 그들 자신이라네."

✹

거의 6년 동안이나 아들을 만나지 못했던 체 게바라의 부모는 쿠바 혁명이 성공하자 한 달음에 쿠바로 달려왔다. 아들을 만난 부모는 이미 장정이 된 아들을 얼싸안았다.

"혁명을 성공적으로 이끈 네가 너무 자랑스럽구나. 그래, 앞으로 사람들을 진료하는 일은 어찌할 생각이냐?"

"아, 의사말인가요? 의사라는 직업은 아무런 감정 없이도 사람이 죽어 가는 모습을 그저 지켜보기만 하죠."

반 농담처럼 명랑하게 말하던 체 게바라는 갑자기 진지하게 덧붙였다.

"의사라는 직업은 이미 오래 전에 포기했습니다. 저는 지금 무엇보다 강력한 정부를 만들기 위해 노력하는 전사로서의 역할에 만족합니다."

"너는 6년 동안이나 고국인 아르헨티나를 떠나 있었다. 이제는 돌아올 때도 된 거 아니니? 책임져야 할 사람들도 있는데…."

"아버지, 제가 책임져야 할 사람들은 바로 여기에 있습니다."

체 게바라의 아버지는 이미 아들이 쿠바 사람이 되었다는 사실을 인정할 수밖에 없었다. 혁명이 성공한 이후, 체 게바라의 아내 일다와 딸 일디타도 쿠바의 아바나로 왔지만 체 게바라의 곁에는 또 다른 여인인 알레이다가 있었다. 일다는 이미 체 게바라의 옆에 자신이 설 수 없음을 알고 아무 조건 없이 협의 이혼을 해주었다. 그러나 그들의 어린 딸 일디타만은 정기적으로 만나 그동안 주지 못했던 아버지의 사랑을 받을 수 있도록 배려했다.

★

'일이 너무 더디게 진행되는군. 우루티아를 대통령으로 뽑는 선거 일정이 맘에 안 들어. 너무 늦다고!'

그것은 구시대의 정치적 유물을 재현하는 일이나 다름 없는 일이었다. 체 게바라는 라울 카스트로를 만난 자리에서 현실을 일깨워주려고 피 터지는 열변을 늘어놓았다.

"라울, 현재 취학 아동의 35퍼센트만 학교를 다니고 있네. 그나마 초등학교를 마치는 비율은 단 3퍼센트로 못 미치네. 알고 있나? 개혁을 해야 돼. 이래선 안 된다고. 거저 얻을 수 없으니 서둘러 경제 구조부터 바꿔야 해."

군부가 우선적으로 개편 작업에 들어갔다. 군대 내부에는 여전히 우파 세력이 남아 있었다. 피델 카스트로의 강력한 입김에 의해 억지 춘향 격으로 우루티아가 대통령 자리에 앉기는 했지만, 우루티아는 지주들과 대자본가들의 이해를 기반으로 하고 있는 인물이었기에 혁명 정부와의 갈등이 심화될 수밖에 없었다.

이 사실을 뒤늦게 깨달은 피델은 군의 통수권을 다시 자신이 맡기 위해 총리직을 사임한다는 성명을 발표했다. 그와 동시에 우루티아가 대통령직을 내놓고 멕시코 대사관으로 피신했다. 같은 날, 뚝심 있고 좌파 성향이 있는 오스발도 도르티코스가 대통령직을 승계했고 도르티코스와 카스트로 2인 체제가 출범했다. 2인 체제는 1976년 12월 3일 피델 카스트로가 국가평의회 의장에 부임할 때까지

혁명 정부에서의 활약

계속됐다.

국립은행 총재에 펠리페 파조스, 경제 장관에 레히노 보티를 앉혔는데 그들이 제시하는 정책을 살피던 체 게바라는 또 다시 라울에게 불평을 털어놓았다.

"라울, 그 경제 정책이 완성되기도 전에, 모르긴 몰라도 시에라엔 영양실조로 살아남는 아이들이 없을 걸세. 그들을 너무 오랫동안 기다리게 하지 말란 말일세."

1959년 2월 14일.

체 게바라는 아내 알레이다와 함께 배를 타고 부에노스아이레스로 돌아갔다. 그곳에서도 체 게바라는 피델로부터 부여받은 임무를 수행하느라 눈코 뜰 새 없이 바빴다. 천식으로 인해 고통스러운 나날을 보내야 했지만 4월에 피델이 미국을 방문하기로 예정돼 있어 그에 앞서 해놓아야 할 과제가 너무 많았던 것이다.

페델의 미국 방문 성과는 그 누구도 예측할 수가 없었다. 더욱 헐벗게 만드는 자본주의와 자유를 억압하는 공산주의 중에서 하나를 택해야 하는 것이 혁명 정부의 최대 과제였다. 자본주의는 인간을 제물로 삼고 공산주의는 인간의 권리를 희생시키므로 쿠바만의 주체적인 이념을 세워야 한다는 것이 피델과 정부의 입장이었기에 미국의 우호적인 협조를 이끌어낸다는 것은 쉬운 일은 아니었다.

1959년 6월 2일.

체 게바라는 알레이다와 조촐한 결혼식을 올렸다. 설사, 체 게바라가 그녀와 결혼하고 싶지 않았을지라도 알레이다가 혁명 기간 중에 임신한 상태였기에 법률상 어쩔 수 없이 결혼을 해야만 했다.

체 게바라에게 있어 언제나 최우선은 혁명이었다. 다시 말하면 그에게 있어 결혼 생활은 최우선이 아니었다. 결혼식을 올린 그 달에 전권대사로 임명된 체 게바라가 쿠바를 떠나게 된 것을 보면 그의 삶에 있어 무엇이 최우선이었는지를 알 수 있는 일이었다.

체 게바라는 지구촌 곳곳을 오마르와 함께 방문했다. 그들이 이집트를 방문했을 때 이집트 대통령은 진심으로 그들을 환영해주었다. 하지만 서민들의 삶을 보고 싶어 했던 체 게바라는 대외적인 업무를 보는 틈틈이 카이로의 빈민촌을 돌아보고 다녔다. 때로는 경계병의 눈을 피해 시장을 누비고 먹을거리를 주문해 먹기도 했다.

그러던 어느 날, 체 게바라가 시장 사람들에게 무슨 말인가를 하려는데 비밀경찰이 나타나 아무런 소득도 없이 대통령궁으로 돌아오는 일이 있었다. 며칠 뒤 다시 그 시장을 찾은 체 게바라는 충격을 받지 않을 수 없었다. 시장이 섰던 자리가 시장이 있던 곳이라고는 상상할 수조차 없을 만큼 말끔하게 정리돼 있었다. 체 게바라는 시장 사람들에게 미안한 마음이 들었다. 자신 때문에 그곳에서 생계를 유지하던 이들이 하루아침에 일자리를 잃어버리게 된 것이 마음에 몹시 걸렸다.

그 후 체 게바라 일행은 가자 지구를 비롯해 수단을 거쳐 인도, 미얀마, 일본, 인도네시아, 유고슬라비아, 파키스탄 등을 차례로 방문했다. 물론 체 게바라가 그러한 순방 중에 가장 큰 관심을 기울인 것은 그곳의 국민들이 어떻게 살고 있고 또한 어떻게 하면 쿠바의국민들에게 도움이 될 수 있는가였다. 3개월간의 순방을 모두 마친 체 게바라 일행은 9월 8일 아바나로 돌아왔지만, 순방했던 나라로부터 무기를 구입하거나 교역을 트는 일은 결코 쉽지 않았다.

혁명 이후 체 게바라와 피델 카스트로가 쿠바를 어떻게 이끌어가야 할지 구체적으로 정하지 못한 것은 사실이었다. 사회주의로 이끌 것인지 아니면 자본주의로 이끌 것인지에 대해 쿠바를 바라보는 많은 나라들의 관심이 집중되면서 혁명을 주도했던 그들의 고민은 깊을 수밖에 없었다.

체 게바라가 전권대사의 임무를 수행하고 돌아온 이후, 완전한 자본주의적 방법도 아니고, 공산주의적 방법도 아닌 새로운 경제 정책을 마련하고자 했음은 혁명 정부에 대한 그의 고민이 얼마나 컸는지를 짐작케 했다. 하지만 동서 냉전의 첨예한 이데올로기 경쟁 속에서 그의 경제 정책은 자리를 잡을 수 없었고, 둘 중 어느 하나를 선택하지 않으면 안 되었다.

"밖에 나가보니 세상이 달라 보이지? 그 경험을 토대로 토지개혁 위원회의 일을 맡아보도록 하게. 할 일이 아주 많을 것이야."

세계 여러 나라의 순방을 마치고 돌아온 체 게바라에게 피델은 기다렸다는 듯이 토지개혁 위원회의 위원장을 맡겼다.

"최선을 다하죠."

바로 그날 저녁, 체 게바라는 구성원들이 모인 자리에서 자신의 구상을 설명하다가 치밀어 오른 분노를 억제하지 못했다. 자신의 개혁론이 더 적합하다고 주장하는 국립은행 총재 펠리페 파조스 때문이었다.

"어차피 하는 개혁이라면 봉건체제의 장벽을 하루아침

에 무너뜨리듯 신속하게 처리해야 합니다."

"너무 서둘다 부작용만 초래하는 것보다는 점진적으로 단행해야 된다고 봅니다."

"토지문제는 이미 곪을 대로 곪아터진 상태라 더 터질 곳이 없습니다."

"조금만 더 기다려주십시오."

파조스가 자신의 주장을 굽히지 않아 결국 아무런 결정을 하지 못한 채 몇 주일이 흘러갔다. 참다못한 체 게바라는 피델을 찾아갔다.

"그렇게 우유부단한 사람과는 더 이상 함께 일할 수 없습니다. 자신이 그러고 있는 동안 농민들이 겪을 고통이 어떤지 왜 모르는 거죠?"

"그래? 그러면 그를 잠시 쉬도록 조치하는 수밖에."

"그러면 그 자리는 누가 대신 합니까?"

"그야 자네 말고 어디 적임자가 있겠나?"

당시 혁명 정부에서 이런 즉흥적인 인사방식은 그리 낯선 것이 아니었다. 그 후로 체 게바라는 국립은행 총재를 겸임하면서 의술을 행하는 의사, 게릴라들의 대장, 전권대사를 거쳐 토지개혁 위원회 위원장의 직책까지 도맡아 수행했다.

혁명 정부가 들어섰다고 해서 전쟁이 끝난 것은 아니었
다. 그 해 10월, 경비행기 한 대가 아바나 시민들을 향해
일방적인 총격을 가하는 끔찍한 일이 일어났는가 하면 플
로리다 쪽으로부터 날아온 비행기 편대가 섬에 정박하고
있던 소형 함선에 폭격을 퍼붓고 달아난 일도 있었다.

무엇보다 체 게바라가 견디기 힘들었던 것은 친구이자
동료였던 카밀로 시엔푸에고스가 행방불명된 사건이었다.
확실하게 밝혀진 것은 카밀로를 태운 아바나행 비행기가
이그나시오 아그라몬테 공항을 이륙함과 동시에 소형전
투기인 카자기가 그 뒤를 바싹 따라붙었고 한 시간 후, 카
자기는 연료를 채우기 위해 카밀로가 탔던 비행기와 같은
장소에 착륙했다는 사실이었다.

얼마 지나지 않아 카밀로의 부관이었던 발레라 중위는
심한 화약 냄새를 맡았고 그것이 카자기 내의 기관총에서
뿜어져 나온 것임을 알아냈다. 발레라는 즉시 카자기의 조
종사를 제지했지만, 연료를 모두 채운 카지기는 유유히 미
국 해안 방향으로 날아갔다. 카자기의 공격을 받은 카밀로
의 비행기는 카마구에이 지방 북쪽에 있는 글로리아만에
떨어졌을 가능성이 높았다. 체 게바라는 카스트로와 사흘
밤낮 동안 그곳을 샅샅이 뒤졌지만 카밀로의 흔적은 오리

무중이었다. 단지 그 근처 해안 주민들에 의해 비행기 두 대를 목격했으며 분명히 기관총 소리를 들었다는 증언만 허공을 가르며 흩어질 뿐이었다.

✦

체 게바라가 공식적으로 국립은행 총재에 임명된 뒤 처음으로 취한 일은 농민들의 토지소유 권리법안을 제출하는 것이었다. 그는 이를 실로 감격스럽게 여겼다. 구시대의 유물인 대토지 사유제를 역사의 뒤로 묻어버리는 일을 앞장서서 수행했다는 사실만으로도 너무 감격스러웠다.

체 게바라는 나라 살림을 맡아보면서도 게릴라 시절에 입었던 올리브 그린색 전투복과 베레모 착용을 고수했고 그의 아내 알레이다와 아주 작은 집에서 살았으며 경차를 타고 다녔다.

그가 산업부 장관을 역임하고 있을 때 어느 외신 기자가 그에게 다가가 이런 질문을 던졌다.

"이제 슬슬 권력의 맛을 알 때도 되지 않았나요?"

"권력이라… 정말 재미없고 지겨운 것을, 왜 맛을 알아야 한단 말이오?"

또한 송년파티에서 어느 기자가 '높은 물가상승률에 대

해 불만의 목소리가 커지고 있는데 이를 알고 있느냐'는 질문을 던졌다. 그러자 체 게바라는 아무런 거리낌 없이 대꾸를 했다.

"불평을 쏟는 사람들은 틀림없이 부자들일 겁니다. 세금이 높게 측정된 사치품만을 찾고 있으니 그럴 수밖에. 가난한 사람들이야 어디 그런 것에 관심둘 겨를이나 있겠습니까?"

1960년 2월 4일.

체 게바라는 소비에트공화국소련의 제2인자인 미코얀을 접견했다. 미코얀은 쿠바에서 열리는 소련의 과학, 기술, 문화전시회의 개관 테이프를 체 게바라와 함께 끊기 위해 쿠바를 방문하게 됐다. 미코얀의 방문을 계기로 쿠바와 소련은 향후 5년에 걸친 교역의 길을 열었다. 하지만 쿠바인들의 밥줄이라 할 수 있는 사탕수수가 문제였다. 미국을 대신해서 소련이 그만한 양을 소화해줄지는 의문이었다.

체 게바라는 친소 관계로 인해 미국과의 관계가 단절될 경우를 대비해 모종의 조치를 취해야만 했다. 예상대로 미국의 아이젠하워 정부는 쿠바로부터의 사탕수수 수입량을 줄였지만, 쿠바 정부가 우려할 만큼 치명적인 수준은 아니었다. 그래도 만약에 있을 수도 있는 최악의 경우를 대비하여 소련에게 사탕수수를 구입하라는 동의를 얻기 위해 라울 카스트로가 소련으로 날아갔다.

국립은행의 총재직을 맡은 체 게바라는 카스트로부터 재정 권한을 부여받고 미국에 위탁되어 있던 쿠바의 금과 달러 예금 등을 모두 스위스로 옮겼다. 그러고는 세 가지 조치를 단행했다.

첫째, 서방과의 연결고리를 끊고 공산국가와 친밀한 관계를 가진다.

둘째, 미국의 대응을 기다리며 나름대로 싸울 태세를 갖춘다.

셋째, 소련과의 거래를 통해 1억 달러 이상의 원조를 약속 받는다.

그는 국제교역에서 물물교환 경제를 추진했고 미국이 쿠바의 사탕수수 수입을 중단함과 동시에 소련으로부터 미국만큼의 보상을 얻어냈다. 더불어 외국계 석유회사들

소유인 주요 시설들을 무상으로 국유화시키도 했다. 외국계 석유회사들의 국유화와 쿠바 내 미국 자산의 동결은 체 게바라가 추진하는 경제 개혁 추진의 시작에 지나지 않았다. 미국인들이 60여 년 넘게 쿠바를 지배하면서 수억 달러에 달하는 돈을 벌어 간 것에 비하면 체 게바라의 이러한 조치는 아무 것도 아니었다. 미국인들이 그렇게 벌어들인 돈은 1845년 스페인으로부터 쿠바를 사들일 때 지불했던 금액과 거의 맞먹는 것이었다. 따라서 체 게바라의 이러한 조치를 두고 미국이 불평해야 할 이유는 없었다.

외로운 혁명가

1960년 10월.

체 게바라가 중국과 북한 그리고 소련의 모스크바를 날아다니며 종횡무진 외교 협상을 벌이는 동안 미국은 자기들의 신경을 은근히 건드리는 작은 이웃에게 본때를 보여줄 기회를 호시탐탐 노리고 있었다. 그러다가 쿠바 국적의 하수인들 1천5백 명을 무장시켜 쿠바 섬을 자신들의 손아귀로 재탈환하겠다는 야무진 꿈을 안고 피그만에 있는 라르가와 히론 해안에 상륙시켰다. 그러나 존 F. 케네디의 승인까지 받은 이 상륙 작전은 해안가에서 배가 좌초되는 바람에 제대로 된 싸움 한 번 치르지 못하고 대부분의 하수인들이 혁명 정부에 포로로 잡히고 말았다. 즉각 계산기를 두드린 피델은 큰 이웃 미국에게 협상안을 내놓았다.

"쿠바 밀림을 개간하는 데 필요한 트랙터 5백 대를 보내준다면 포로들을 모두 석방시키겠다."

이후 국제변호사까지 중재자로 내세워 두 나라가 협상한 내용은 미국이 쿠바 정부에 많은 식량과 의약품 그리고 달러로 침략에 대한 배상을 한다는 것이었다. 결국 미국은 자기들이 침략한 국가에 보상을 해야만 했다.

이처럼 미국이 쿠바에 대한 비밀공작을 편 것은 자신들의 생각과는 달리 쿠바 혁명 정부가 가시처럼 여겨졌기 때문이었다. 미국은 과테말라를 비롯해 제3세계에서 자신들이 수행한 비밀공작에서 얻은 자신감을 바탕으로 쿠바에서의 작전도 순조로울 것이라는 자만했다. 그러나 쿠바 혁명 정부에 대한 쿠바 국민들의 전폭적인 지지와 세계 여론이 미국의 이런 음모에 대해 등을 돌렸다.

1961년 12월 2일.

작은 배를 타고 쿠바 섬에 상륙한 지 5년이 지난 그 해, 피델 카스트로는 쿠바 혁명의 성격을 마르크스와 레닌주의에 입각한 것으로 공식 규정했다. 그리고 모스크바와의

아름다운 혁명가 체 게바라

직통전화가 연결됐다.

이를 지켜보던 미국은 2월 초순에 이르러 쿠바로부터 미국에 들어오는 모든 상품을 압수한다고 공표했으며 한 달이 지난 후에는 이를 더욱 강화시켜 제3국을 통해 들어오는 모든 쿠바산 물품으로까지 확대 조치를 취했다. 그러한 조치는 거기서 그치지 않고 이를 점점 확대시켜 유럽과 라틴아메리카 동맹국들과도 쿠바의 목을 조이기 위해 손을 잡았고 아르헨티나에 이어 에콰도르도 쿠바 정부와의 관계를 끊었다.

그처럼 미국이 쿠바의 숨통을 조였지만 체 게바라는 그런 것에는 아랑곳하지 않았다. 그보다 더 관심을 갖고 있었던 것은 사탕수수 재배의 기계화였다. 그리고 오랫동안 연구에 몰두한 결과 두 종류의 기계를 제작하는 데 성공했다.

체 게바라는 무엇보다 자발적인 노동을 원했다. 더러는 아내인 알레이다를 비롯해 국립은행 직원들과 함께 사탕수수밭에서 일하는 모습을 보이기도 했다. 또한 시간이 허락하는 대로 시멘트나 커피가 든 부대를 나르거나 광산에서 광차를 밀어주는 등 노동자들과 함께 직접 노동에 참여했다. 그리고 새로운 농기계들을 시험하는 것에 만족하지 않고 직접 제작에 나서기도 했다. 그가 만든 사탕수수 절삭기는 생산량을 높이는 데 상당히 기여했다. 그는 늘 농기계 1천 대를 보유하는 것을 강조했다. 1천 대의 농기계 보유는 1천 명의 사람들이 같은 일을 두고 고민하여 해결책을 모색한다는 큰 의미가 숨어 있었다.

7월이 되면서 마이애미에 망명해 있던 반 카스트로 일파들은 미국 정부에 압력을 가하기 시작했다.

"소련이 쿠바에 미사일 기지를 설치한 것이 분명하오. 뭔가 조치를 취해야 합니다."

미국은 다시 바빠지기 시작했다. 쿠바에 미사일 기지가 설치되어 있다면 쿠바를 그냥 내버려둘 수 없다는 생각에 으름장을 놓기 시작했다. 이런 미국의 으름장을 보다 못한 쿠바 대통령 도르티코스는 국제연합을 통해 공식적인 입장을 밝혔다. 도르티코스는 미국이 저지를지도 모를 오류에 대해 강경하게 경계했다. 유감스럽게도 미국이 쿠바를 침공하는 일이 생긴다면 이는 곧 세계대전으로 치닫게 될 것이었다.

그 즈음 쿠바를 방문한 신생 알제리 공화국의 대통령 아흐메드 벤 벨라는 체 게바라를 만나 이내 뜻이 맞는 각

별한 친구 사이로 발전했다. 그 후 케네디 대통령과 만난 벤 벨라는 미국이 정말로 쿠바를 침공할 것인가를 단도직입적으로 물어보았다. 케네디는 그 자리에서 뭐라 대답하지는 않았다. 다만 쿠바에 미사일이 있고 없음에 따라 상황이 달라질 것이라는 말로 대답을 대신했다.

쿠바의 미사일 발사대를 계속 추적하던 미국은 마침내 초음속 U-2기 편대를 쿠바 서부해안에 보내 사진을 찍어 댔다. 그리고 그들은 쿠바의 미사일 발사대를 찾아내기에 이르렀다. 그 사진을 분석한 미국 국방성은 쿠바의 미사일 사정권이 미국의 북부 지방에까지 이르고 있다는 잠정적인 결론을 내려야만 했다.

드디어 미국의 케네디와 소련의 흐루시초프 간의 파워 게임이 시작되었다. 소련은 속마음을 겉으로 드러내지 않았지만 미국의 속내가 너무 가소로웠다. 자신들도 터키에 미사일을 배치해 두었으면서 소련의 지원 속에 쿠바에 설치된 미사일은 가시처럼 생각하는 것이 어처구니가 없었다. 미국의 논리 대로라면 미국 자신은 미사일을 세상 아무 곳에나 배치해도 상관없는 일이지만 그 이외의 나라는 자신들의 허락 없이는 어디에서도 설치할 수 없다는 억지

아름다운 혁명가 체 게바라

스러운 횡포를 부리고 있는 것이었다.

따라서 쿠바는 미국이 주장했던 대로 전 세계적인 재앙을 몰고 올지도 모를 가장 위험한 화약고가 되고 말았다. 피델 카스트로는 타는 가슴을 억누르며 그 상황을 지켜보았고 체 게바라는 그 일을 계기로 쿠바가 선택한 새로운 동반자가 또 다른 방식으로 쿠바를 지배하려 한다는 사실을 깨달았다. 현실적으로 쿠바에는 여전히 해결해야 할 내적인 문제들이 남아 언제 터질지 모를 화산을 떠안고 있는 실정이었다. 더러는 조화를 이루지 못하고 불협화음을 일으키기도 했다. 그러나 혁명 정신이라는 측면에서 명료한 입장을 밝히고 있던 체 게바라는 이견을 내놓는 이들을 향해 단호하게 말했다.

"물론 훌륭한 개혁주의자는 쿠바 국민의 삶의 질을 한층 더 높이게 될 것입니다. 그렇다고 그것이 혁명을 의미하는 것은 아닙니다. 혁명은 희생과 투쟁이며 미래에 대한 확신입니다. 그것을 위해 개인의 이익 그리고 개인의 수익만을 따지는 일은 경계해야만 합니다."

체 게바라는 소련이 작은 동맹국의 목을 조이면서 중국과의 어떤 접촉도 허락하지 않는다는 사실에 대해 고민하지 않을 수 없었다. 그러던 중 소련에서 1964년 10월 혁명 47주년 기념축제에 체 게바라를 초대했다. 그는 세 번째 방문하는 모스크바행 비행기에 몸을 실었다. 그는 그들의 축제보다 소련 정부에 대한 자신의 우려가 어느 정도로 정확한지 확인하고 싶은 마음이 앞섰다. 그리고 결국 이러한 결론을 얻었다.

"우리는 이들을 전적으로 신뢰할 수 없다. 그들은 우리를 동맹국이 아닌 필요에 의해 관계를 맺고는 필요에 따라 뒷전으로 밀어놓고 자신들이 부각되기만을 원했다. 경계하지 않고 지나치게 접근했다가는 지극히 사소한 타격만으로도 우리는 큰 충격을 입을 수 있으므로 그들이 눈치챌 수 없도록 일정 거리를 유지해야만 한다."

체 게바라는 소련이 베푸는 일들에만 머물러 있지도 않았고 또한 미국과도 가까워지지 않는 중립화된 블록을 형성하는 것이 최선이라는 판단을 내리기에 이르렀다. 카스트로처럼 소련에게 전적인 신뢰를 보내는 관계는 위험하다는 것을 깨달은 것이다.

체 게바라는 유엔에서 쿠바 정부의 입장을 대변하기 위해, 동시에 자기의 방법으로 세계를 재편해보겠다는 당찬 야심을 안고 1964년 12월 9일 뉴욕으로 떠나는 비행기에 올랐다. 그리고 12월 11일, 비장한 말투로 연설문을 읽어나갔다.

"… 사실 카리브해의 각지에서는 미국의 용병들이 지금도 훈련받고 있습니다. 하지만 이 사실에 대해 정식으로 항의한 라틴아메리카 국가는 하나도 없었습니다. … 히론 해안 침공이라는 쿠바에 대한 명백한 침략이 자행되었을 때에도 소심한 미주기구의 관계자들은 케네디 대통령에게 한 마디의 비난도 하지 못했습니다. … 우리는 마르크스주의자이며 제국주의에 맞서 싸우는 비동맹주의자들입니다. 우리는 평화를 원하며 우리 국민에게 보다 나은 삶을 주기 위해 적극적인 지원을 원합니다. 그런 이유로 미국 정부가 저지를지 모를 도발을 간과하기도 했지만, 그렇다고 해서 우리가 그 정부의 거짓말을 모르고 있는 것은 아닙니다…."

체 게바라의 연설은 계속되었다. 아파르트헤이드라의 야만적인 정책이 전 세계인들 앞에서 거리낌 없이 행해지고 있는 아이러니한 일을 지적하지 않을 수 없었다. 아프리카의 국민들이 권리를 강요받고 있는가 하면 그 이름으로 행해지는 살상 행위를 감내해야만 하는 현실을 듣고 유엔은 어찌하여 이를 그저 바라만 보고 있는지에 대해서도 따져 물었다.

체 게바라는 미국의 지배 야욕을 저지하지 못했을 때 전 세계가 치를 대가를 매우 비관적으로 내다보고 있었다. 또한 사회주의의 미약한 경제구조와 사회주의의 대표인 소련을 비롯해 동부 유럽 정권들의 타락성을 똑똑히 보며 그 취약성을 알 수 있었다.

소련은 문화나 지적인 사상 면에 있어서도 지난날의 눈부셨던 업적을 점점 상실해가는 형편이었다. 체 게바라는 그 사실을 적나라하게 꿰뚫고 있었다. 하지만 피델 카스트로는 감히 소련이라는 큰 이웃에게 도전할 생각조차 하지 않고 있었다. 체 게바라는 자신의 운명이 다른 곳으로 흘러가 되돌아가지 못할 곳에 와 있음을 느끼고 있었다.

1965년 2월 24일.

체 게바라는 아프리카와 아시아의 정기적인 세미나가 두 번째 열리는 알제리에서 전에 없이 소련에 대한 신랄한 비판을 쏟아 놓았다. 전 세계 노동계급의 보편적인 목표와 거리가 먼 묘하고도 이기적인 정책을 내세워 대중혁명을 충동질하는 소련 정부를 공식적으로 비난하고 나선 것이다. 그리고 충고의 말도 빠트리지 않았다.

"인류애에 입각한 동포애를 모색하지 않는다면 사회주

의는 절대로 존재할 수가 없음을…."

체 게바라는 그밖에도 사회주의의 모순점을 지적했다. "가난한 나라의 민중들이 자신들의 피와 땀으로 생산한 1 차 상품을 헐값에 팔고 최신식으로 자동화된 공장에서 생산된 기계들을 비싼 가격으로 사오는 일이 과연 서로에게 똑같이 이득이 있는 것일까?"

이러한 관계가 서로 수준이 다른 나라에서 거래되고 있다는 점에서 볼 때, 사회주의 국가들도 결국 제국주의적 착취에 일조하고 있는 것과 마찬가지라 여겼다. 체 게바라의 이런 생각들은 소련의 분노를 자아내게 했고 그 불똥은 당연히 쿠바로 튈 수밖에 없었다.

체 게바라의 일행을 태운 비행기가 란초보이에로스 공항에 착륙하게 된 때는 3월 15일이었다. 뉴욕으로 출발한 후, 3개월만의 귀국이었다. 체 게바라와 피델 카스트로는 이틀 낮과 밤을 보내면서 그간의 일들을 통해 상대방의 입장을 생각하며 대화를 이어갔다.

"피델, 이제는 제가 이곳을 떠날 때가 된 것 같습니다. 나의 존재가 당신에게 부담이 되는 것은 싫습니다."

"자네는 벌써 제3세계를 염두에 두고 있는 게로군."

"아무런 통보도 없이 일방적으로 쿠바에서 미사일을 철수시킨 행위를 결코 용서할 수 없을 뿐더러 이제 이곳에서의 생활에 의미를 부여할 이유가 남아 있지 않습니다."

"자네와 처음 만났을 때 약속했던 게 생각나네. 혁명이 성공한 이후에는 자네에게 유랑 혁명가의 자유를 보장해주겠다고…. 자네를 결코 잊지 못할 걸세."

드디어 체 게바라는 피델 카스트로에게 자신이 지니고 있던 쿠바 시민권을 건네주고는 모든 일상으로부터 벗어나 아무도 모르게 아프리카로 숨었다. 그러자 미국과 손을 잡고 있던 라틴아메리카 정부를 비롯해 소련까지도 그 힐난한 독설가의 위치를 추적하기 위해 혈안이었다. 당연히 체 게바라의 신변에 대한 소문은 꼬리에 꼬리를 물고 퍼져 나갔다.

체 게바라는 다각도로 많은 생각을 거듭하던 끝에 현실을 받아들이기로 마음을 굳혔다. 그래서 쿠바를 이끌어야 할 피델 카스트로의 입장을 충분히 고려하고 자신은 지도자보다는 또 다시 혁명가의 길을 택하기에 이르렀다.

체 게바라는 인간이 물질로부터 자유로울 수 있는 체제를 꿈꿔왔다. 인간에게 있는 욕망이 물질로부터 자유롭고 노동이 진정한 즐거움이 되는 경제를 꿈꾸고 있었기에 당연히 쿠바 제1인자인 피델 카스트로와의 마찰을 피할 수가 없었다.

피델 카스트로는 소련식의 관리형 사회주의 모델을 중시했기에 정신적 각성을 중시하는 체 게바라의 중국식 사회주의는 급기야 소련의 세계 정책을 비난하기에 이른 것이다. 당연히 피델의 입장에서는 현실적으로 많은 어려움이 닥칠 수밖에 없었다.

14

새로운 시작

체 게바라는 라틴아메리카 해방을 위해 아니 세계의 억압받는 민중의 해방을 위한 전사로서 쿠바 시민권을 포기했다. 이제 그는 자신의 안위를 포기하고 게릴라 삶의 길로 접어들었다. 이는 그가 다른 혁명가들과 다른 점이었고 더불어 그에게 있어서의 행복의 길이었다. 만약 그에게 피델 카스트로라는 인물이 없었다면 평생을 행정 관료로서의 지도자 길을 택했을 수도 있는 일이었다. 하지만 그는 혁명가의 길을 택했다.

체 게바라는 새로운 투쟁의 장소로 파트리스 루뭄바가 투쟁하다가 목숨을 잃었던 콩고를 선택했다. 이미 체 게바

라는 뉴욕에서 열린 UN 총회에서 이에 대해 언급한 적이
있었다.

"민중의 권리를 유린하고도 뻔뻔스럽게 아무런 처벌도
받지 않는 나라는 땅 위에선 유일하게 콩고밖에 없을 것
이다. … 그리고 그 모든 사태의 직접적인 동기는 콩고의
풍부한 자원을 계속해서 감독하고 지배하려는 제국주의
국가들에 의한 횡포 때문이다. 참담한 현실을 살아야만 하
는 콩고국민에게 관심이 쏠린다고…"

체 게바라가 콩고에 관심을 기울이게 된 가장 큰 이유
는 제3세계 지도자 파트리스 루뭄바가 암살당한 일 때문
이었다. 당시 루뭄바의 지지자였던 가스통 수미알로는 루
뭄바가 암살을 당하자 킨샤샤에서 권력을 잡고 있던 모이
스 츠홈베를 상대로 봉기할 작정으로 아바나에 원조를 요
청했다. 체 게바라는 즉시 피델의 비밀정보조직인 쿠바의
G2와 함께 콩고의 킨샤샤로 출발할 준비를 했다. G2의
책임자는 마누엘 피녜이로 일명 로자 바아브 루스로 불리
는 사람이었다.

1965년 1월이 되자, 피델 카스트로의 지휘 아래 콩고에
원정할 군인들이 쿠바 칸델라리아의 피나르델리오 기지
에 속속 집결했다. 그들은 모두 흑인으로 5천 명에 달하는

인원이었다. 그들의 훈련을 담당한 사람은 역시 흑인인 빅토르 드레케였는데, 3월이 끝나갈 무렵 아르투로라는 가명으로 볼리비아에서 타마요와의 만남이 이루어졌다.

"이 사진을 보시오. 그가 우리 원정대의 대장이 될 사람이요."

"피델 카스트로가 아니고 이 백인 남자란 말입니까?"

"그렇소. 내일 아침에 볼 수 있을 것이오."

빅토르 드레케는 뜻밖의 사실에 몹시 놀란 듯했다. 무슨 일인지조차 알지 못하고 훈련을 마친 대원들이 떠나기 직전인 1965년 3월의 마지막 날에 카스트로는 대원들에게 일일이 작별 인사를 했다.

"훌륭한 지휘관이 여러분을 이끌 것입니다…."

피델 카스트로의 말이 끝나자 대원들은 그가 말하는 지휘관이 카밀로일 것이라 여겼다. 그때까지만 해도 쿠바 사람들은 여전히 카밀로의 죽음을 사실로 인정하지 않고 있었다.

위장을 한 대원들은 콩고로 잠입했고, 사흘 뒤 콩고의 키고마에 도착했다. 그곳에서 군복으로 갈아입은 그들은 처음으로 자신들을 이끌고 갈 지휘관을 만났다. 검은 베레모를 쓴 낯선 남자는 자신을 타투라고 소개를 한 다음 자

신이 쿠바에서는 체 게바라라고 불렸던 것까지도 소개했다. 말로만 듣던 체 게바라를 만나게 된 대원들은 기뻐 어쩔 줄 몰라 했다.

5월 첫 날이 밝아올 무렵 그들은 마침내 콩고 킨샤샤에 정박했다.

대원들은 츠홈베 군대의 추격을 피하기 위해 끊임없이 이동할 만반의 준비를 해야만 했다. 그러면서도 그들은 킨샤샤에 있는 호수 최북단에 위치한 작은 마을 유비라에서부터 키부 산맥 서쪽에 있는 칼리마 마을에 이르기까지 원주민을 상대로 그들의 세력을 확장하고 있었다. 물론 체 게바라는 여전히 자신이 정해놓은 첫째가 훈련이요, 둘째가 경험이라는 원칙에 충실했다. 그는 원주민들에게 전투하는 법에서부터 덫을 놓는 법, 후퇴하는 법 등을 가르쳤고 더불어 혁명 이론도 가르쳤다. 그리고 체 게바라 또한 열다섯 살짜리 프레디 울란가로부터 그들의 언어인 스와힐리어를 배웠다. 훗날 프레디 울란가는 아바나에서 신경외과 의사가 되었다.

그렇게 하여 프레디 울란가는 콩고 사람들이 강기슭에다 체 게바라를 위해 지은 움막에서 그와 함께 생활을 시작했다. 프레디 울란가에게 있어 체 게바라와의 생활은 많은 것을 깨달을 수 있는 기회였다. 체 게바라는 동이 트기 전에 기상해서 호숫가를 거닐며 자신의 체력을 단련시키는 것으로 하루를 시작했다. 게다가 잠시도 쉴 틈 없이 원주민들을 돌보고 진료하는 모습에서 감동하지 않을 수 없었던 프레디 울란가는 자신의 언어로 '무간다고통을 없애주는 자'라 불리는 체 게바라를 만나게 된 것을 어쩌면 '행운이 아닐까' 하고 생각했다.

국경일이었던 그 해 6월 30일.

체 게바라의 대원들은 콩고의 카탕카라는 마을에 있는 군사기지를 공격함과 동시에 킴비 강의 철교와 수력발전소도 폭파시킬 계획을 세웠다.

드디어 새벽 5시, 체 게바라로부터 공격 개시 명령이 떨어졌다. 츠홈베 군인들이 축제를 즐기느라 엉망으로 취한 상태에서 시작된 전투는 이틀 밤낮이나 계속됐다. 수력발전소는 벤데라 요새가 방어를 했는데 그곳에는 이미 참호를 파서 적의 공격을 방어하고 있었다. 그뿐만 아니라 활주로까지 갖추고 수백 명의 군인들이 머물 만큼에 엄청난 시설을 갖추고 있었다. 하지만 공격하기 전에 그곳의 염탐을 맡았던 대원들의 실수가 엄청난 일을 불러왔다. 쿠바인들은 열심히 싸웠지만 갈수록 상황은 불리해졌고 그 와중에 아프리카인 6백여 명이 그들 곁을 떠났다. 특히 제대로 훈련받지 못한 아프리카 원주민들은 총을 어떻게 다루는지조차 알지 못했고 심지어 죽은 사람들을 보고는 걸음아 날 살려라 하고 도망쳤다.

이제 선택은 하나, 스스로를 지키기 위해 함정을 만들면서 후퇴하는 방법을 택할 수밖에 없었다. 결국 그들의 공격은 실패로 끝나고 말았지만 그 일은 세계의 이목을 집중시키기에 충분했다. 그 기간 동안 반군의 무리에 들었던 수말리오, 칼리바와 마셈바는 그곳을 벗어난 후, 유럽을 돌아다니며 자신들이 속해 있던 게릴라들이 벤데라를 점령해 수많은 무기들을 빼앗았으며 4백 명이 넘는 정부군을 죽였다며 허풍을 떨고 다녔다.

하지만 그 말을 곧이곧대로 믿지 않았던 카스트로는 정확한 정황을 살폈고 내막을 알아내고는 불쾌한 기색을 감추지 못했다. 콩고에서의 전투가 실패로 끝나고 츠홈베의 폭정이 더욱 심해지자 곳곳에서 쿠바인들을 돌려보내자는 목소리가 거세지기 시작했다. 마침내 콩고의 자유전선에서는 그들을 돌려보내자는 결정을 내리고 말았다. 이에 실망한 체 게바라는 1966년 3월까지 아프리카에 남아 있다가 그곳을 떠나야만 했다.

　그는 자신이 간절하게 원했던 것을 아무 것도 이루지 못했다는 아쉬움을 뒤로한 채 걸음을 옮기기 시작했다. 그러나 그가 떠남과 동시에 아프리카의 모잠비크와 앙골라에서는 뜨거운 혁명의 불길이 타오르고 있음을 그는 나중에야 알 수 있었다.

　1965년 8월.

　탄자니아에 머물고 있던 체 게바라는 훗날 앙골라 대통령이 되는 아고스티노 네토와 그 당시 그의 동지였던 홀덴 로베르토 그리고 사빔비를 만났다. 그들 역시 혁명 운동을 준비하고 있던 중이었다. 체 게바라는 그들과 함께 자이레를 무장혁명으로 이끌기 위해 여러 가지의 행동계획을 세웠다. 그러나 그들의 행동계획은 너무 늦고 말았다. 비밀 무장투쟁 장소와 무장혁명을 지원하기 위해 위장으로 만든 수출입회사의 정체가 탄로 났기 때문이었다.

　이처럼 외적으로는 체 게바라가 아프리카에서 계획했던 일들이 거의 실패로 돌아갔지만 그의 혁명 운동은 훌륭한 인간에게서만 풍기는 완전함과 단순함으로 혁명 운동의 차원을 한 단계 끌어올려 놓는 계기를 구축했다.

쿠바 혁명의 성공은 라틴아메리카에서 압박받던 민중들에게 희망의 소식과도 같은 것이었다. 이 당시 아메리카 신대륙은 앵글로 색슨에 의한 북미와 스페인, 포르투갈에 의한 중남미로 구분됐다. 이 중 북미에서는 앵글로 색슨계 백인들에 의해 원주민들의 대대적인 학살이 자행됐고, 그 결과로 원주민의 역사와 정체성이 대부분 점멸했다. 그리고 유럽의 정체성을 지닌 백인 국가가 탄생했다. 거기에 비해 상대적으로 라틴아메리카에서도 원주민 학살이나 여러 잔혹한 행위들이 벌어지기는 했지만, 북미에 비해 살아남은 원주민 문화가 많았다.

그 와중에서 세계적 강대국으로 떠오른 미국은 라틴아메리카에 대해 본격적인 간섭 정책을 펼치며 이들 나라를 자신의 강력한 영향력 아래 두었다. 초기에 이런 정책은 단순히 경제적 수탈, 군사적 침략에 의한 것이었으나 차차 라틴아메리카 국민들의 강력한 저항에 부딪히자 지식인들과 문화를 광범위하게 흡수하고 포섭하려고 했다. 그 결과, 라틴아메리카는 그들 자신의 목소리를 낼 수 있는 문화에서도 심각한 대미종속관계에 빠져들고 말았다.

그러한 때에 일어난 쿠바 혁명은 라틴아메리카의 많은 지식인들을 자극했다. 혁명의 가능성을 믿지 않고 서구의 사회민주주의를 자신의 모델로 삼았던 그들은 라틴아메리카의 현실과는 어울리지 않는 사회 및 계급구조에 기초한 이론을 채택했다. 또한 노조를 중심으로 도시노동자층의 지지를 통해 집권을 노렸다. 그러나 최종적으로 혁명의 성공을 가져온 지역은 시에라의 험준한 산맥을 기반으로 농민의 지지를 바탕으로 했던 쿠바 혁명이었다.

물론 체 게바라와 카스트로 이전에도 중남미 지역에서 무장 투쟁이 없었던 것은 아니었다. 19세기부터 시작한 쿠바의 호세 마르티, 멕시코의 비악, 엘살바도르의 파라분도 마르티, 니카라과의 산디노 등 수많은 민족주의자, 자유주의자 등에 의해서 이어졌지만 그러한 무장투쟁이 결국 성공하여 정권을 장악한 것은 쿠바 혁명이 처음이었다. 니카라과의 산디니스타 정권을 비롯해 전 세계 많은 무장 게릴라들이 쿠바 혁명을 하나의 교훈으로 삼는 것은 너무도 당연한 일이었다. 그런 의미에서 체 게바라가 콩고의 혁명 전선에 뛰어든 것은 여러 가지를 의미했다. 비록 쿠바의 혁명처럼 성공할 수는 없었지만, 아프리카인들의 목소리를 전 세계에 알리는 교두보가 될 수 있었다.

이미 전설적인 인물이 되어 버린 체 게바라는 1966년 가을, 쿠바로 돌아왔다. 그리고 그곳에서 새로운 혁명을 위한 원정대 파견을 준비하고 있었다.

그 즈음 아바나의 정치인들은 소련이 라틴아메리카에서의 분쟁을 원치 않고 있다는 정보를 얻었다. 또한 라틴아메리카보다 아프리카를 우위에 두고 있다는 것도 알게 됐다.

체 게바라는 어느 시인의 말처럼 '길이 없다 해도 멈추지 않고 앞으로 나아가면 없던 길도 스스로가 만들 수 있을 것이다'라는 말을 가슴 깊이 새기고 '분노할 줄 모르는 민족은 야수와도 같은 적에게 결코 승리할 수가 없다'는 강한 신념으로 북미의 힘을 분산시키기 위해 베트남 전쟁과 같은 전쟁을 두 번 아니, 세 번이라도 일으켜야 한다고 강조했다.

그리고 라틴아메리카에서 불같이 일어나고 있는 혁명의 열기를 통해 그 가능성을 내다보고 있었다. 콜롬비아를 비롯해 베네수엘라는 이미 투쟁 중이었고 다른 나라에서도 그 기운이 꿈틀거리고 있었다. 특히 볼리비아, 아르헨티나, 브라질, 페루에서 많은 혁명가들이 투쟁을 준비하고 있었다.

이 일에 깊이 관여하고 있던 체 게바라와 피델 카스트로는 쿠바로부터 60여 명의 볼리비아인을 침투시켰다. 왜냐하면 볼리비아는 안데스 산맥과 아마존 강 사이, 즉 라틴아메리카의 심장부에 자리 잡고 있어서 지리적으로 혁명이 뿌리를 내릴 수 있는 가능성이 컸기 때문이었다.

볼리비아 사태가 서서히 수면 위로 떠오른 것은 1963년 5월경이었다. 여기에 불을 댕기기 위해 페루 출신으로 구성된 게릴라 부대가 합류를 하면서 혁명의 기운은 더욱 거세졌다. 그러나 푸에르토 말도나도에서 치른 전투에서 게릴라들은 많은 희생자를 내고 말았다. 그나마 살아남은 대원들은 2년여를 라파스에 숨어 옴짝달싹 하지 못했다.

1963년 7월.

쿠바의 지휘관 타마요가 콜롬비아 여권을 가지고 처음으로 볼리비아 땅을 밟았다. 그리고 게릴라 군대가 결성되었고 아르헨티나 사람인 마세티가 군대를 지휘했다. 이듬해 초, 체 게바라는 쿠바 공산당 최초의 여성당원 중 한 사람이었던 타니아에게 특별한 임무를 주었다.

"타니아, 볼리비아의 상류층에 침투하시오. 가능하다면

대통령에게까지 접근하는 것이 좋소."

"이 일의 중요성을 누구보다 잘 알고 있습니다. 최선을
다하죠."

아름답고 매력적인 타니아는 결국 자신에게 주어진 임
무를 성공적으로 수행했다. 볼리비아의 바리엔토스 대통
령이 그녀에게 빠져 헤어나오지 못하고 허우적대도록 완
벽하게 자신의 임무에 충실했다. 그러나 꼬리가 너무 길었
던지 타니아의 정체가 들통 나고 말았다. 할 수 없이 지하
조직으로 숨어든 타니아는 게릴라 부대에 합류할 수밖에
없었다.

1966년 3월.

타마요가 다시 볼리비아에 들어왔고 7월에는 다른 지휘
관들과 함께 혁명 준비를 서둘렀다. 그리고 9월에는 체 게
바라로부터 정치적인 접선과 작전수행 지역 선정에 대한
교육을 받고 지휘관인 알베르토 페르난데스 몬데스 데 오
카가 볼리비아에 입국했다.

10월에 이르러 코코 페레도, 투마와 리카르도가 냥카우
아수 근처의 어느 작은 마을을 접수했다. 그들은 작은 계
곡 안에 들어앉은 그 마을에서 다른 나라로부터 게릴라로

지원하는 신입 대원들을 교육시킬 학교를 만들었다. 그곳에는 2백 명이 훨씬 넘는 게릴라들이 있었다. 이제 남은 것은 체 게바라만 볼리비아에 들어오는 것이었다. 그 당시 CIA 요원이었던 필립 아지는 우루과이 몬테비데오에서 요주 인물들의 이름과 사진들을 가지고 여권 관리 시스템을 새롭게 정비하는 임무를 맡았다.

"아지, 자네가 가장 주의해서 살펴야 할 인물이 바로 체 게바라일세. 그가 이 지역에 들어올 수 없도록 철저히 감시하게. 알겠나!"

"알겠습니다. 하지만 그는 워낙 변장술이 뛰어난 데다가 사진도 좀처럼 입수할 수가 없습니다."

"최선을 다해 구하도록 해. 없으면 그림이라도 찾아내라고!"

할 수 없이 아지는 화가를 불러 체 게바라의 얼굴을 그리게 한 후, 그 그림을 라틴아메리카의 모든 국경 초소에 배포하도록 지시했다. 우루과이의 몬테비데오 공항을 비롯해 경찰서는 물론 이민 업무를 맡고 있는 사람들에게 그의 그림 복사본을 나눠주었다.

그런 요주 인물로 주목을 받고 있던 체 게바라는 아바나를 떠나 프라하를 거쳐 파리로 갔다. 그곳에서 다시 상파울로로 날아갔다. 시간을 때우기 위해 공항의 여러 상점을 둘러보던 그는 멋진 파이프 하나를 무심코 집어 들고는 입으로 가져갔다.

"멋지군. 얼마입니까?"

"네. 22달러입니다."

점원으로부터 가격을 알게 된 체 게바라는 기겁을 하며 얼른 파이프를 제자리에 갖다놓았다. 그런데 체 게바라의 그러한 행동이 점원에게 깊은 인상을 남길 것을 우려했던 파쵸가 자신의 봉급을 털어 그 파이프를 체 게바라에게 사주었다.

"아니, 이럴 것까지는 없는데…."

체 게바라는 상대방의 심정은 아랑곳하지 않고 그 비싼 파이프를 덜컥 사들이는 파쵸의 처사가 내키지 않았다.

"아닙니다. 어서 가시죠."

파쵸는 체 게바라를 재촉하여 그곳을 서둘러 떠났다. 체 게바라는 자신의 기준에서 너무도 비싼 파이프를 얻게 된 것이 마음에 걸려 편하지가 않았다. 헐벗고 굶주리는 수많은 사람들의 모습이 그의 머리에서 떠나지를 않고 언제까지나 맴돌고 있었다.

1966년 11월 3일.

체 게바라는 상파울로를 출발해 마침내 라파스 공항에 도착했다. 그는 아돌프 메나라는 가명을 사용했고 대머리에 검은 안경을 쓰고 있었으며 어두운 색 옷에 넥타이를 매고 있었던 까닭에 영락없는 학자의 모습이었다. 볼리비아의 경제와 사회에 관한 연구를 하고 있다는 미국 연구소의 파견 소견서까지 지니고 있기도 했다.

이틀 후 그는 카를로스 쿠에요와 알베르토 페르난데스 데 오카와 함께 냥카우아수를 향해 지프에 몸을 싣고 떠났다. 또한 폼보와 타마요, 호르헤 바스케스 비야냐를 태운 지프가 도시를 빠져나가 어디론가 향하고 있었다. 두 대의 지프는 세코 강과 이파티를 지나서 결국 '강의 머리'라고 불리우는 냥카우아수에 도착했다.

1966년 11월 7일.

체 게바라가 냥카우아수에 도착했을 때, 볼리비아에 있던 후원자인 몬혜는 그들을 만나러 오지 않았다. 12월 31일이 되어서야 호세 마리아 마르티네스에게 이끌려 마지못해 체 게바라를 찾아왔다. 그러고는 처음부터 이런저런 핑계를 늘어놓더니 끝내 그들을 배반하고 말았다.

"쿠바와 연락할 수 있는 송신기에 사용하는 열쇠를 가져오기로 하지 않았나요?"

체 게바라는 빈손으로 나타난 그에게 따지듯 물었다.

"아, 깜박 잊었습니다. 나중에 반드시 전해 드리겠습니다."

몬헤는 허겁지겁 핑계를 둘러댔다. 체 게바라는 그에게서 열쇠를 받지 못해 피델 카스트로부터 연락을 받아놓고도 답신을 보내지 못했다. 몬헤는 그 이후에 있었던 회합에도 참석하지 않았다.

"피델, 우리는 어떻게 해야 합니까?"

체 게바라로부터 아무런 소식을 받을 수 없던 다른 아바나의 지휘관들이 피델을 찾아가 물었다.

"아직은 상황이 정확치 않소. 하지만 예정된 대로 떠나도록 하시오."

피델 카스트로의 명을 받은 시로 부스토스와 후안 파블로 창은 레지 드브레이와 함께 볼리비아를 향해 떠났다. 그러나 함께 출발할 예정이었던 군대의 대부분이 불안함과 초조함에 휩싸여 중간에 모두 흩어지고 말았다. 체 게바라는 나중에야 몬헤가 회합에 참석하지 않은 그 시기에 불가리아에 머물고 있었다는 것을 알게 됐다. 그리고 그가 그때, 모스크바까지 가서 소련 정부의 명령을 받았을 것이라 확신했다. 그것으로 소련의 뜻은 확실해졌다.

소련은 미국과 체결한 협약에 따라 라틴아메리카 문제에 개입하지 않기로 했다. 아니, 그보다는 사사건건 자신들의 일에 이의를 달고 협조하지 않는 작은 이웃 쿠바에 대해 불만을 토로한 것이 틀림없었다. 결국 몬헤는 소련의 사주를 받고 볼리비아 원정대의 파견을 방해했고 몬헤가 1966년에 쿠바를 찾아간 이유도 소련의 입장이 어떤 것인지 쿠바가 확실히 알 수 없도록 교란작전을 쓰기 위해서였다.

1967년 3월 6일.

민간인 에피파니오 바르가스는 쿠바인 안토니오 산체스 디아스가 지휘하던 혁명대원들을 발견했고 그 뒤를 밟아 카미리의 군부대에 게릴라들의 존재를 알렸다. 이를 통해 볼리비아 정부는 체 게바라가 볼리비아에 들어와 있다는 것을 알게 됐다. 볼리비아 정부는 체 게바라가 자신들 나라에 들어와 있는 것이 몹시 싫었다. 또한 체 게바라 일행의 존재가 공개적으로 드러나게 되자 볼리비아 정부는 골머리를 앓지 않을 수 없었다.

이후로 볼리비아 정부는 체 게바라 일행을 찾기 위해 혈안이 되었다. 때를 같이해서 자신들의 목을 조이는 볼리비아 정부와의 숨바꼭질 속에 게릴라들의 사기가 떨어지는 일이 벌어지고 말았다. 의욕만 앞세운 볼리비아인 대원 벤하민이 물에 빠져 죽을 뻔한 일이었다. 이는 겉으로는 그저 있을 수도 있는 단순한 사고일 수도 있었으나 그들의 현실이었다. 수영을 못하는 대원이 어디 벤하민 뿐이랴. 그들 모두가 그렇게 오합지졸이라 하여도 과언이 아니었다. 그런 대원들을 이끌고 혁명을 해야 하는 것이 현실이라는 것을 다른 대원들은 똑똑히 보았다. 더군다나 시간이 지날수록 끼니를 거르는 일이 잦자 대원들의 사기는 땅에 떨어지고 말았다. 그 가운데에서도 크고 작은 전투는 지속됐다.

계속되는 전투 속에서 볼리비아 정부군에 포로로 잡혀간 대원들이 있는가 하면 게릴라 생활을 견디지 못한 대원이 탈주하는 일도 있었다. 물론 이것은 체 게바라를 비롯해 게릴라들에 대한 또 다른 도전의 의미가 됐다. 그리고 그것은 곧 현실로 드러났다. 배반자로 인해 그들의 진지가 들통 나는 일이 벌어지고 말았다.

천만다행으로 모두 다른 곳에 있었던 때라 큰 피해는

없었지만 볼리비아 정부군이 가져간 체 게바라의 메모장을 통해 볼리비아에서 그의 게릴라명이 라몬이라는 사실이 세상에 알려졌다. 이 사건은 여기에서 그쳤지만 결국은 배반자로 인해 큰 위기가 계속해서 닥칠 것은 예견할 수 있는 문제였다.

5월에 접어들면서 볼리비아 정부군은 더욱 더 게릴라들의 목을 조였다. 50명도 채 되지 않는 게릴라들을 소탕하기 위해 5천 명이 넘는 군인들을 동원했다. 그럼에도 불구하고 게릴라들은 볼리비아 정부군의 뜻대로 되지 않았다. 당연히 게릴라들에 대한 소식은 부풀려질 수밖에 없었다. 신출귀몰한 귀신이라도 된 듯 그들의 소문은 꼬리를 물고 퍼져나갔다.

그때, 체 게바라의 마음 한 구석에서 꿈틀대는 아쉬움이 있었다. 그것은 농민들의 적극적인 참여를 이끌어내지 못한 것에 대한 아쉬움이었다. 적어도 게릴라 생활을 하는 동안만큼이라도 농민들의 적극적인 참여가 이루어지지 않고서는 여러 모로 위험한 부분이 많았다. 볼리비아 정부군의 협박과 또는 거짓말에 의해 게릴라들과 가까이 하는 마을의 농민들은 언제 어느 때든 배반자가 될 수 있는 위험이 도사리고 있었다.

그 와중에 우아누니의 탄광 노동자집회에서 노동자들은 게릴라 부대와의 연대를 선언했고 광부들과 학생들이 나서서 새로운 방안에 서명한 후, 광산 지역을 해방지로 선포했다. 그러자 볼리비아 정부에서는 게릴라를 소탕하기 위한 작전을 속행했다. 탄광 노동자들이 파업을 하는 곳에 도착한 볼리비아 정부군들은 그들을 향해 총을 쏘아 댔고 30여 명에 가까운 무고한 시민의 목숨을 앗아갔다. 그들 대부분은 탄광 노동자들이었지만 그 중에는 그들의 가족인 부녀자와 어린아이들도 있었다. 계속되는 볼리비아 정부군의 수색을 통해 2백 명 가까운 탄광 노동자들이 군대로 끌려가야만 했다.

그 후 볼리비아 정부군은 1천2백 명 가까운 군대를 증원했고 여기에 미국에서 훈련을 받은 6백50명의 군대 병력이 더 투입됐다. 미국은 이처럼 볼리비아에 대한 지원을 계속해 나갔다. 미국이 볼리비아 현 정권이 위태롭다는 것을 느끼면서도 그들에 대한 지원을 끊을 수 없었던 것은 미국에 대한 볼리비아 정부의 불만을 지원을 통해 약화시키려는 의도 때문이었다.

1967년 7월이 되면서 라틴아메리카 대륙은 게릴라로

인해 두려움과 혼란에 더욱 깊게 빠져들었다. 볼리비아의 바리엔토스 정부가 확고부동한 기반을 갖지 못하고 있다는 사실도 수면 위로 떠오르는 난제였다. 그도 그럴 것이 게릴라 부대가 라파스에서 1백20킬로미터 떨어져 있는 플로리다의 사마이파타를 접수하면서 볼리비아 정부군에게 큰 타격을 안겨주었다.

그러나 또 다시 체 게바라에게 위기가 닥쳤다. 배반자로 인해 그들의 진지는 물론 그들의 아지트였던 동굴이 발견되면서 동굴에 있던 모든 것을 볼리비아 정부군에게 빼앗기는 상황이 벌어지고 만 것이다. 측근이 아니고서는 그런 일을 만들 수 없었다.

이때 체 게바라는 동굴이 발견되고 서류와 의약품을 잃어 심리적으로 치명적인 타격을 입었다. 게다가 지휘관 두 명을 잃고 걸어서 강행군을 해야 했기에 심신이 지쳤다. 약도 없이 천식을 이겨내야만 하는 고통도 그를 몹시 괴롭혔다. 그뿐이 아니었다. 볼리비아 정부군에게 붙잡힌 대원들이 그들의 진지와 대원들에 대한 여러 정보를 자백했다는 사실이 대원들의 사기를 더욱 더 저하시켜 버렸다.

8월 26일, 미국 남부의 군 기지 사령관인 조지 포터 장군이 장성 두 명과 함께 게릴라 부대와 그들의 상황을 정확히 파악하기 위해 라파스에 도착했다. 그리고 8월 31일, 게릴라 호아킨의 후방 부대가 농부 오노라토 로하스의 안내를 받아 수심이 깊지 않은 지역으로 갔지만, 그곳에는 이미 정부군이 매복을 끝내고 그들을 기다리고 있었다. 게릴라들은 제대로 된 싸움을 한 번도 하지 못하고 쿠바 출신의 호아킨을 비롯해 알레한드로, 브라울리오, 타니아와 볼리비아인 모이세스 게바라, 월터 아란치비아와 폴로인 아폴리나르 아키노가 목숨을 잃고 말았다. 남은 대원들도 대부분은 체포되었거나 처형당했고 볼리비아인 호세 카스틸로 차베스는 감옥에 수감되기에 이르렀다. 라디오를 통해 그 소식을 접한 체 게바라는 후방 부대와 만나기로 했던 계획을 원점으로 돌려놓아야만 했다.

1967년 9월에 접어들면서 체 게바라 부대는 또 다시 볼리비아 정부군의 매복에 걸려 위험한 상황에 놓였다. 그러나 체 게바라는 좌절하지 않고 전투에 더 유리한 지역을 찾아 숨는 일을 신속하게 했고 라파스에 있는 조직과 연락을 시도하기 위해 무던히 애를 썼다. 그때 볼리비아 정부에서는 '체 게바라가 이미 오래 전에 죽었다'라는 내용을 실어 공중파 방송으로 내보냈다. 그뿐 아니라 체 게바라에 관해 떠돌고 있는 말들은 헛소문이라고 대대적으로 홍보했다. 그러고는 같은 날 저녁에는 체 게바라에 대한 현상금을 거는 아이러니 한 조치를 취했다. 하루 사이에 상반된 내용을 보도할 만큼 볼리비아 정부에서는 체 게바라에 대해 두려움을 갖고 있었다.

체 게바라가 위험에 놓인 것은 그만큼 남은 대원들이 얼마 없다는 의미이기도 했다. 그 당시 남아 있던 대원은 베니뇨를 포함해 20여 명 정도였다. 캄바 대원과 레온 대원을 제외하고는 모두 체 게바라와 죽을 때까지 싸우기로 다짐했다. 그들에게 있어 가진 것이라고는 아무 것도 없었다. 식료품도, 의약품도 모두 바닥이 났다. 거기다가 4, 5명의 대원이 부상을 당했고 5명의 대원은 병을 앓고 있었다. 하지만 대원들의 의지는 결연했다. 목숨을 건 이상 두려울 게 없었다.

9월 22일, 인티가 교육을 담당했던 알토세코 마을에서 체 게바라는 처음으로 곳곳에서 모인 게릴라 대원들과 모임을 가졌다. 하지만 마을의 농민 한 사람이 주둔하고 있던 부대에 게릴라들을 신고하는 일이 생기고 말았다. 그리고 정부군의 기습을 받은 게릴라들은 인티의 형제인 코코와 미겔, 훌리오가 죽고 베니뇨는 부상을 입었다. 특히 쿠바 출신 의사였던 모로가 중상을 입고 말았다. 며칠 뒤, 체 게바라와 방법을 달리하고 게릴라 부대를 떠났던 캄바와 레온이 볼리비아 정부군에게 붙잡혔다.

체 게바라에게 있어 볼리비아의 삶은 그야말로 위험의 연속이 아닐 수 없었다. 미국 CIA의 집요한 방해공작과 볼리비아 내 좌파의 지원을 얻지 못한 것은 무엇보다 체 게바라에게 큰 짐이었다. 집중적인 추적과 밀고로 인해 고단한 삶은 계속되었다.

15...

영원한 생명을 얻고

1967년 3월 11일.

다니엘의 배신은 체 게바라가 볼리비아로 들어온 이래 게릴라 부대의 상황을 최악으로 몰고 가는 계기가 됐다. 그는 올란도 대원도 자신과 함께 배신자로 만들었다. 다니엘은 카미리에서 알게 된 게릴라들에 대한 모든 것을 정부군에게 털어놓았다. 그 일로 정부는 볼리비아에 쿠바인들이 들어와 있다는 사실을 알게 되었고 무엇보다 치명적이었던 것은 게릴라들이 마련한 동굴과 은신처의 정확한 위치가 그의 입을 통해 모두 공개되고 말았다는 사실이었다. 은신처가 탄로 나면서 체 게바라와 그 일행은 힘겨운 떠돌이 생활을 해야만 했다.

그러던 10월 어느 날, 게릴라 대원들이 목을 적시기 위해 개울물 근처에 있을 때, 밭에 물을 주던 농부가 그들을 발견했다. 한 눈에 그들이 게릴라임을 알아본 농부는 한 달음에 마을로 내려가 그 사실을 사람들에게 알렸다. 그 사실은 곧바로 무전기를 통해 근처에 주둔한 군 지휘관들에게 전달됐고 3백여 명이 넘는 군인들이 집결했다. 체 게바라의 부대는 그곳에서 볼리비아 정부군에게 완전하게 포위를 당하는 최악의 상황을 맞았다.

"지금 우리는 후방으로 돌아갈 수도 없다. 그렇다고 전진할 수도 없는 상황이다. 전진을 하게 되면 호랑이 굴로 들어가는 격이 된다."

"그럼 어떻게 해야 합니까?"

농부의 신고로 볼리비아 정부군에게 포위가 된 체 게바라와 일행은 최대의 위기를 맞았다.

"우리가 선택할 수 있는 방법은 오직 측면에 있는 협곡으로 몸을 숨는 것이다. 그리고 진지가 될 만한 곳을 찾아야 한다."

시계를 보니 8시 30분이었다. 그들은 모두 협곡의 양옆으로 붙어서 출발을 서둘렀다.

아름다운 혁명가 체 게바라

"놈들이 오전 10시에서부터 오후 1시 사이에 공격을 해온다면 우리에겐 매우 불리해진다. 오래 버틸 수 없기 때문이다. 하지만 놈들이 오후 1시에서 3시 사이에 공격을 해온다면 우리도 해볼 만한 싸움이다. 오후 5시가 넘은 후에 놈들이 공격해오면 어둠에 익숙해져 있는 우리에게 아주 유리해진다."

대원들은 숨소리마저 죽이고 체 게바라의 말에 귀를 기울였다.

"자, 만약 우리가 흩어질 수밖에 없는 상황이 되면, 전에 노파를 만났던 작은 고원에서 만날 것을 기약하자."

그들은 마침내 아르투로를 비롯해 파쵸, 윌리와 안토니오가 가장 아래에 있는 지점에서 방어 준비를 했다. 가장 상류지점은 베니뇨와 인티가 다리오와 함께 위를 맡고 체 게바라와 냐토, 아니세토, 파블리토, 엘 치노, 모로, 에우스카티오와 차파코가 아래를 각각 맡았다. 폼보와 우르바노는 그보다 더 위에 배치되었다.

"만약 놈들이 협곡으로 침투해오면 왼쪽 측면으로 빠져나가고 오른쪽 측면으로 침투해오면 우리가 왔던 길로 후퇴한다. 또한 위쪽에서 침투해 와도 그 쪽으로 후퇴한다."

정부군은 체 게바라가 가장 우려했던 11시 30분경에 게릴라들의 숨통을 조이기 시작했다. 이미 전투가 시작되긴 했지만 워낙 강경하게 저항하는 게릴라들을 향해 정부군은 쉽게 다가서지 못했다. 훤한 대낮에 그것도 수천 명의 볼리비아 정부군이 득실대는 계곡에서 게릴라들이 빠져 나갈 가능성 또한 제로에 가까웠다. 게다가 가파른 절벽이 끝나는 지점에는 초목마저 없었기에 볼리비아 정부군은 쉽게 게릴라들을 향해 총부리를 겨눌 수 있었다.

볼리비아 정부군의 지휘관인 가리 프라도 대위는 이미 헬리콥터, 비행기 그리고 추가 병력이 더 필요하다고 요청을 해놓았다. 네이팜탄을 실은 정부군의 전투기가 동원됐지만, 그들은 자신들이 게릴라들과 너무 가깝게 대치하고 있다는 현실을 인정하고 그것들을 사용하지 않았다.

"후퇴하자. 상황이 너무 나쁘다. 우선 환자와 부상자들부터 도망쳐라. 나머지 대원들은 그들을 엄호한다!"

체 게바라는 다급하게 대원들을 돌아보며 말했다.

"모로, 에우스타키오, 차파코는 환자이니까 먼저 도망을 쳐라. 그리고 파블리토가 함께 가면서 엄호하도록 해!"

체 게바라는 페루 공산당 지도자인 치노와 볼리비아 광산 노조지도자인 윌리, 올란도, 티마요, 파쵸와 함께 그 자리에 남았다. 체 게바라와 동료들의 엄호를 받으며 환자

아름다운 혁명가 체 게바라

들을 데리고 그곳을 떠난 파블리토는 겨우 그곳을 벗어날 수 있었지만 그란데 강과 미스케 강이 만나는 지점을 통과하지 못하고 볼리비아 정부군에게 사로잡혀 모두 처형됐다. 하지만 인티, 다리오, 냐토와 쿠바인 폼보, 베니뇨, 우르바노는 볼리비아 정부군의 포위망을 뚫고 볼리비아에서 생존할 수 있었다.

"나를 그냥 버려 두고 탈출하시오. 제발…."

귀가 들리지 않는데다가 두꺼운 안경을 썼어도 앞을 잘 볼 수 없었던 엘 치노는 부상당한 몸으로 체 게바라에게 부담주는 것이 싫어서 거의 애원하다시피 했다. 이미 정부군들이 사방을 봉쇄한 상태였다. 하지만 체 게바라는 단호히 거절했다.

"그럴 수는 없소. 우리 함께 갑시다."

체 게바라가 간신히 치노를 부축해 노파의 집이 있는 작은 고원으로 움직였다. 노파의 집에 도착하기 전 치노가 비틀거리다 그만 쓰고 있던 안경을 잃어버리고 말았다. 안경을 찾기 위해 체 게바라와 치노가 더듬거릴 때 체 게바라는 기관총을 든 볼리비아 정부군의 정확한 목표물이 되고 말았다. 결국 체 게바라는 오른쪽 허벅지에 총상을 입

아름다운 혁명가 체 게바라

었다. 게다가 들고 있던 체 게바라의 소총마저 그 정부군의 총에 관통되어 고장이 나고 말았다.

"이제 사용할 수 있는 건 단검뿐이오. 하지만 갑시다."

체 게바라는 끝까지 치노를 부축하여 작은 고원에 이르렀다. 그곳에서 체 게바라는 허벅지에서 흘러내리는 피를 멈추게 하기 위해 손수건으로 동여매고 있다가 정찰 중이던 볼리비아 정부군에게 발각됐다. 체 게바라는 도망칠 수 없었다. 그 절체절명의 순간에 언제나 그를 괴롭히던 천식이 또 다시 그의 발목을 붙잡았다. 결국 체 게바라는 치노와 함께 어이없이 붙잡히고 말았다.

군인들은 체 게바라를 벽돌로 지은 작은 학교로 끌고 가, 교실에 감금시켰다. 교실 안에는 이미 타마요, 아니세토, 파쵸와 올란도의 시체도 있었다. 윌리와 치노는 칸막이로 나뉜 방에 각각 감금됐다.

"나머지 놈들이 어디로 튀었는지 말해!"

볼리비아 정부군 장교 중의 하나였던 아드레스 셀리치가 체 게바라에게 욕설을 퍼붓고 구타하고 수염을 잡아당기는 수모를 주며 나머지 게릴라의 행방을 추궁했다. 하지만 체 게바라는 대답 대신 묶인 자신의 두 손으로 그의 뺨을 후려쳤다. 분노한 아드레스 셸리치는 체 게바라의 손을 거칠게 뒤로 제쳐 묶었다. 체 게바라를 잘 감시해야 한다는 명령을 받고 그를 지키던 마리오 우에르타 로센세타는 말로만 듣던 게릴라의 영웅을 보고 자신도 모르는 사이 그에게 마음이 끌렸다. 그렇다고 체 게바라를 도와줄 수 있는 입장도 아니었다.

그 시각, 바리엔토스 볼리비아 대통령은 볼리비아의 외무장관 월터 게바라 아브세 박사로부터 전보를 받았다.

"체 게바라를 일정 기간 동안 라파스에 구금해 두십시오. 시간이 지나면 세계의 관심은 저절로 사라질 것입니다. 그때 그를 처형해도 늦지 않을 겁니다. 그렇지 않고 지금 당장 그를 죽인다면 세계의 비난을 받게 될 것입니다."

그러나 바리엔토스가 애타게 기다린 것은 미국으로부터의 소식이었기에 외무장관의 전보는 관심을 두지 않았다. 그는 미국 대사 더글러스 핸더슨으로부터 미국의 입장을 전해들을 수 있었다.

"게릴라를 제거하시오. 공산주의를 향한 투쟁과 세계 정복을 위한 야심찬 체 게바라의 무모함은 완전히 실패했고 전투 중에 죽었다고 세상에 알리시오. 그를 살려두는 것은 위험천만한 일이오. 그를 가두게 되면 전 세계의 과격 집

단들이 들고 일어나 그를 빼내려 할 것이오. 그러면 볼리비아 정부는 그 상황을 통제할 수 없게 될 것이오."

사실 미국은 오래전부터 체 게바라를 없애고 싶어 했다. 그들은 피델, 라울, 체 게바라를 제거하기 위해 일명 '쿠바 작전'을 계획하고 있었다.

"체 게바라를 제거하시오."

바리엔토스는 서둘러 참모회의를 소집한 후, 군사령관인 알프레도 오반도 칸디아 장군에게 명령을 내렸다. 그리고 장군은 바예그란데에 암호로 된 사형집행 명령서를 내려 보냈다. 체 게바라를 없애라는 명령이 마침내 라이게라에 도착했다. 센테노는 11시경에 체 게바라에게 사형이 결정되었다는 소식을 들었다. 마침내 하사관인 마리오 테란이 체 게바라의 사형 집행자로 선택됐다. 테란은 모든 것을 체념하고 차분히 앉아 있는 체 게바라를 일으켜 세웠다. 그때, 상대방이 오히려 두려워하고 있다는 것을 알고 있던 체 게바라가 조용히 입을 열었다.

"겁내지 말고 총을 쏘시오!"

테란은 방아쇠를 당길 수 없었다. 체 게바라의 당당하고 위대한 모습에 차마 그를 죽일 수가 없었던 것이다. 할 수 없이 사람들은 테란에게 억지로 술을 마시게 했지만 테란은 강하게 빛나는 체 게바라의 눈빛을 바라보며 여전히 방아쇠를 잡아당기지 못했다. 그 순간 옆방에서 잇달아 두 번의 총소리가 들려왔다. 윌리와 치노가 사형됐다.

13시 10분, 다시 한 번 군 장교들과 CIA 요원의 재촉을 받은 테란은 눈을 질끈 감고 떨리는 손가락으로 방아쇠를 잡아당겼다. 죽는 순간 체 게바라는 이렇게 말했다.

"알아두어라. 너는 지금 사람을 죽이고 있다."

그 후 체 게바라를 죽인 테란은 라파스의 학생들에게 괴롭힘을 당하고 쫓겨 다니다가 1968년 4월에 결국 투신 자살을 했다.

그리고 민중 위에 군림하는 세력들이 그렇게 바예그란데의 산타테레시타 호텔에서 전투가 끝났음을 축하하고 있는 동안, 로저 실러 신부는 라이게라의 성당에서 체 게바라를 위한 미사를 바쳤다.

"이 죄악은 용서받지 못할 것입니다. 죄를 지은 자들은 반드시 하늘의 벌을 받게 될 것입니다."

체 게바라, 그는 자신을 위해선 아무 것도 바라지 않았다. 오로지 나를 포함한 우리의 좀 더 나은 삶을 위해 자신의 삶을 불살랐고, 그렇게 짧은 생을 접어야만 했다.

누구도 아닌 스스로가 모든 권력과 명예를 탐하지 않고 불나방의 삶을 살았던 그.

그리고 그 후로 오랫동안 또 다시 침묵의 세월을 보내야 했지만 그 침묵이 무엇을 의미하는지 사람들은 알고 있다. 그는 영원히 죽지 않고 꺼지지 않는 불꽃이 되어 세상을 비추고 있다.

영원한 생명을 얻고

A B   D   F

G   I J K L

M N O P Q R

S T U V W X

Y Z

〈체Che를 위한 비가〉
호안브로사

1928년 6월 14일 아르헨티나 로사리오의 바스크-아일랜드 혈통의 중산층 가정
　　　　5남매 중 장남으로 출생

1930년 천식 발병

1945년 부에노스아이레스 대학교에서 의학 수학

1951년 알베르토 그라나도와 함께 라틴 아메리카 오토바이 여행

1952년 볼리비아 인민운동에 참가

1953년 부에노스아이레스 의학대학 의학박사 학위 취득, 친구 카를로스 페레르와 함께
　　　　다시 라틴 아메리카 여행, 부인 일다 가데아 아코스타를 만남

1955년 일다 가데아 아코스타와 결혼

1955년 멕시코에서 망명 중인 쿠바 혁명 지도자 피델 카스트로Fidel Castro와 만남

1956년 11월 25일 피델 카스트로를 지도자로 하여 총 82명이 쿠바로 가는
　　　　8인승 레저 보트 그란마에 탑승

1957년 혁명군 대위 진급

1958년 12월 29일 제 2군을 이끌고 쿠바 제 2의 도시 산타클라라에 진입

1959년 1월 1일 풀헨시오 바티스타가 도미니카 공화국에 망명하자,

    1월 8일 피델 카스트로가 아바나에 입성, 쿠바 혁명 달성

1959년 쿠바 국립은행 총재

1960년 소비에트공화국소련 2인자 미코얀 접견

1961년 쿠바 산업부 장관

1962년 쿠바 통일혁명조직 전국지도부 및 비서국

1965년 2월 24일 "인류애에 입각한 동포애를 모색하지 않는다면 사회주의는 절대로

    존재할 수가 없다"는 취지의 소련 비판 연설

1965년 "쿠바에서는 모든 일이 끝났다"라는 편지를 남기고 행방 묘연.

    콩고, 볼리비아 등 혁명 지원

1967년 10월 9일 미국이 가세한 볼리비아 정부군에게 잡혀

    "알아두어라, 너는 지금 사람을 죽이고 있다"는 말을 남기고 세상을 떠남

체 게바라 연표

★ The Bolivian Diary of Ernesto Che Guevara, by Ernesto Che Guevara :
  - Path finder Press, November, 1994
★ Motorcycle Diaries : A Journey Around South American, Ann Wright, Ernesto
  Che Guevara, Ernesto C. Guevara
  - Verso Books, October, 1996
★ Che Guevara on Global Justice by Che Guevara
  - Ocean Press, July 2002
★ Che Guevara : A Revolutionary life by Jon Lee Anderson
  - Grave Press, April, 1998
★ Che : Images of a Revolutionary Fernado Diego Gracia, Oscar Solo, Matilde
  Sanchez
  - Pluto Press, October, 2000.
★ Companero : The life and Death of Che Guevara by Jorge G. Castaneda
  - Vinatage Books, November, 1998